Elena Figueras Albi

Elena Figueras Albi

●

Bueno, bonito y barato

200 recetas tan ricas como económicas

Primera edición: abril, 2009

Printed in Spain – Impreso en España

ISBN: 978-84-8346-165-5
Depósito legal: B-8519-2009

Fotocomposición: Lozano Faisano, S. L. (L'Hospitalet)

Impreso en Cayfosa (Impresia Ibérica)
Ctra. de Caldes, km 3. Santa Perpètua de Mogoda (Barcelona)

P 861655

A Roland Traumbauer y a Georges Desrues,
que me abrieron la puerta de sus cocinas vienesas
con tanta generosidad

Índice

INTRODUCCIÓN

Cocinar es necesario. Aunque tuviéramos todo el dinero del mundo y pudiésemos tomar todas nuestras comidas en restaurantes, desearíamos comer en casa porque a la larga nos aburriríamos de comer fuera. Porque comer en casa es uno de los placeres mayores de este mundo. Comer sentado a la mesa con la familia y los amigos, o solo, es un privilegio.

Desafortunadamente muchas personas casi no saben cocinar y tienen que comprar alimentos ya cocinados. Muchos jóvenes viven en casa de sus padres y cuando se independizan encuentran muchas dificultades para comer bien; dificultades técnicas y económicas. Yo tuve la suerte de ir a un colegio, Santa María del Camino, en el que desde muy pequeños nos enseñaban a cocinar. Recuerdo cómo con seis años nos dictaban unas recetas muy sencillas. Luego íbamos nosotros mismos a comprar los ingredientes con el dinero que nos daba la profesora. Teníamos que calcular cuánto necesitábamos y volver con la compra y las vueltas del dinero. Lógicamente no íbamos a una tienda, sino al despacho de la gobernanta del colegio, que fingía ser una tendera y nos vendía la mantequilla, la harina, el arroz... Regresábamos entusiasmados, y entre todos, con las explicaciones y la ayuda de Maritxu, la profesora, cocinábamos galletas, aperitivos, tortitas... y luego lo comíamos juntos. Eso sí, después de haber lavado todos los utensilios y limpiado la cocina nosotros mismos. Agradezco mucho que desde pequeña me enseñaran a desenvolverme en una cocina. Me parece igual o más importante saber cocinar que saber conducir un coche. Creo que es más útil saber comprar bien los alimentos que saber cuáles son las marcas de ropa de moda. Si uno desde pequeño conoce los precios de los alimentos, sus propiedades alimenticias y la forma de tratarlos, tiene la posibilidad de ser más feliz en esta sociedad.

La cocina tiene la magia de lo artesano, de lo hecho a mano, de lo que se puede tocar... Hoy en día, cuando todo es virtual y casi todo lo hacemos sentados frente a la pantalla del ordenador y con prisa, resulta muy gratificante cortar hierbas frescas, amasar pizza, oler los aromas del caldo al hervir, esperar el tiempo que la cocina impone para hacer su trabajo, observar cómo cambian los colores de los alimentos, escuchar el chisporroteo del aceite al freír, ver a través de la puerta del horno cómo sube un bizcocho...

En este libro, que pretende ser un manual de cocina especialmente dirigido a los jóvenes que sobreviven teniendo que cocinar ellos mismos sin haber sido enseñados antes, se explican las técnicas elementales de cocina para que el lector conozca los mecanismos básicos para poder cocinar y para que pueda luego aplicarlos en la realización de cualquier receta que busque en internet, en las revistas y en otros libros.

Tampoco hoy es fácil estar en contacto con la naturaleza, a no ser que vivamos en el campo. Yo, donde más cerca me siento de la naturaleza dentro de la ciudad es en los mercados. Ver los pescados frescos rodeados de hielo con los ojos tersos y la piel brillante me hace pensar en el mar. Cuando paso por la zona de las verduras y veo los tomates, las acelgas, las setas, las patatas... siento el sol y la tierra. La carne aviva mis instintos más animales y también me hace pensar en tierra, sol y vida. Por eso he dedicado especial importancia a los mercados, las grandes superficies, las tiendas especializadas, y a la manera de hacer la compra con sentido común. Saber comprar es un arte.

¡Qué suerte tenemos de haber nacido en un lugar y en una época en los que podemos comprar y comer casi todo lo que queramos!

Tenemos que aprender a conocer los alimentos, a comprar bien y a cocinar. Tenemos que aprender a realizar un consumo responsable; responsable con el planeta y con nuestra propia vida. Al fin y al cabo también estamos consumiendo día a día nuestra vida. ¿No sería bueno hacerlo de la mejor manera posible?

Somos lo que comemos. Este no es un libro de cocina curativa, aunque todos los ingredientes que en él se citan son saludables si no se toman en exceso y, sobre todo, son respetuosos con el ecosistema. A lo largo de estas páginas se enseña cómo comprar alimentos que no resulten caros sin caer en el error de, por comprar barato, comprar mal (alimentos que han viajado desde tan lejos y que son tan recién nacidos que han perdido sus propiedades nutritivas; pescados, como la perca del Nilo, que han arruinado la vida de tantos habitantes de Tanzania y destrozado el ecosistema del lago Victoria; bollería industrial elaborada con aceites de palma que hacen que engordemos, etc.).

Creo también que la cocina es de las pocas cosas que se resiste al acelerón que lleva el mundo. A pesar de los microondas, las ollas exprés y los termomix, la cocina exige respetar el tiempo, el ritmo, la espera. Aunque la Bolsa suba y baje en cuestión de segundos, una pasta necesita sus minutos exactos de cocción, ni más ni menos; una crema precisa que la revuelvan poco a poco; una masa, que la envuelvan y la amasen... y todos estos procesos culinarios, lejos de ser una carga más para nosotros, deben ser tomados como algo relajante, que nos permite ser creativos y nos hace desconectar de las rutinas y preocupaciones diarias.

Junto a cada receta está indicado el coste del plato; desde los más baratos —de 1 **€** a 5 **€**—, que se indican con un **€**; los de precio medio —de 5 **€** a 10 **€**—, que se indican así: **€€**; de 10 **€** a 20 **€**, con **€€€**; hasta las recetas más caras, que vienen acompañadas de **€€€€**. La mayoría son recetas baratas **€**, económicas **€€** y de un precio asequible **€€€**. Excepcionalmente presentamos algunas recetas que pueden considerarse caras **€€€€**. Están calculadas para 4 personas, salvo cuando se indica otro número de comensales.

Las medidas que aquí se utilizan son vasos grandes (los de agua), pequeños (los de vino), cucharadas (las de sopa) y cucharaditas (las de café), para facilitar la tarea. En algunas recetas de postres indicamos el peso, ya que la repostería a veces exige cumplir las medidas con toda exactitud para que la receta salga bien. No obstante, en el libro hay una tabla de equivalencias para ir aprendiendo las medidas y así en el futuro poder calcularlas nosotros mismos cuando las leamos en gramos, litros, decilitros, etc., al igual que todos sabemos calcular cuánto mide 1 metro o 1 kilómetro o si una foto en alta resolución de 50 megas pesa demasiado para enviarla por e-mail.

El libro se divide en trece bloques de recetas: aperitivos; salsas; sopas, cremas y purés; ensaladas; legumbres; verduras y hortalizas; arroces, pastas y cuscús; huevos; pizzas, empanadas y tartas saladas; aves; pescados y mariscos; carnes y postres. Cada bloque va precedido de una pequeña introducción donde se explica cómo es cada tipo de alimento; su historia, sus propiedades y algunas indicaciones para reconocer que es fresco y de buena calidad, y resulta apropiado para la receta que se quiere preparar.

Además, hay dos apartados más que considero de gran utilidad:

En la despensa —los alimentos y condimentos que habría que tener siempre en la despensa, como son la sal o el aceite, por ejemplo—. **Utensilios imprescindibles en la cocina** —lo necesario para poder cocinar, como la sartén o el colador—. Y tres apéndices muy interesantes: **Normas de educación en la mesa**, que no pretende ser una guía finolis ni esnob de protocolo, pero que sí intenta resolver algunas dudas y ofrecer algunas sugerencias de sentido común para ayudar a cualquiera a sentirse cómodo siendo un buen anfitrión y un buen invitado que saben comportarse a la mesa. El **Diccionario gastronómico en cuatro idiomas** es un pequeño diccionario que se encuentra al final del libro con los nombres de los alimentos más comunes en español, inglés, francés y alemán. De esta manera, cuando el lector viaje podrá llevar con él este libro y, si quiere cocinar en su lugar de destino, para él no será un problema hacer la compra en otro país. Y por supuesto el libro ofrece lo que no debe faltar en ningún libro de cocina: una **Tabla de alimentos por temporada.**

A pesar de que *Bueno, bonito y barato* está dedicado especialmente a gente inexperta en la cocina, todo el mundo puede aprender algo de este libro; incluso las personas habituadas a cocinar encontrarán recetas prácticas, sugerentes, clásicas y modernas con las que podrán disfrutar.

La mayoría de las recetas son españolas, aunque en cada bloque hay dos o tres extranjeras. Son recetas de platos que todos conocemos porque los hemos comido en restaurantes, pero que no estamos tan acostumbrados a preparar en casa a pesar de que no son difíciles. Así, aprenderemos a cocinar un chop suei de verduras (China); pastella de pollo (Marruecos); sushi de pescado (Japón); pizza (Italia), etc.

Los ingredientes se pueden encontrar con facilidad aunque algunos sean algo más sofisticados, como por ejemplo las flores comestibles o las algas.

También hay una sugerencia de receta navideña buena, bonita y sobre todo barata, en casi todos los bloques. Aprenderemos, por ejemplo, a cocinar el Pavo de Navidad al estilo de los catalanes, quienes al día siguiente preparan unos canelones con los restos; jamón asado con frutos secos, una buena alternativa al cordero, que está por las nubes, o un excelente «besugo de los pobres», el chicharro, un pescado que encontramos en nuestras costas y cuya carne es deliciosa.

Al final del libro presentamos dos índices, uno de recetas por orden alfabético y otro de recetas por bloques de alimentos y coste. De esta manera se podrán elegir las recetas dependiendo del presupuesto que tengamos o simplemente buscándolas por su nombre.

Este libro garantiza que si se siguen las recetas paso a paso salen bien, ya que todo, hasta el más mínimo detalle, está explicado; incluso la forma de prevenir y de solucionar los accidentes que arruinarían nuestra receta.

Los mercados

A la hora de hacer la compra es importante que, además de llevar el GPS puesto en la cabeza e ir directamente a buscar los productos que queremos comprar, demos una vuelta por todos los puestos del mercado y por los pasillos de las grandes superficies para ver qué hay. Como cuando vamos a una librería y nos paseamos ojeando las novedades. Eso no implica comprar compulsivamente todo lo que vemos apetecible o novedoso, sino que se trata de interesarnos y aprender. Si vemos en una tienda de especias unos atadillos cilíndricos de hierbas, ¿por qué no preguntamos al tendero qué son? Son bouquet garní, unos atadillos de laurel y hierbas aromáticas que pueden resultarnos muy útiles en el futuro si los conocemos. Cuando viajamos a países como Turquía o Italia la visita a los mercados es obligada, aunque sólo sea para mirar. ¿Por qué no paseamos con mirada atenta también en nuestro propio país? Hay muchas cosas que no conocemos y merecen la pena.

Lo bueno de los mercados tradicionales es que, al haber tantos puestos, la competencia es muy grande y los precios son más ajustados que en otros lugares. En el mercado no debemos tener miedo a preguntar. No tiene que darnos vergüenza no saber. El carnicero, el pescadero, el frutero... estarán encantados de hablar con nosotros y de explicarnos todo como lo haría el mejor de los profesores. Cuando no sabemos, por ejemplo, qué corte de carne comprar para preparar un plato u otro, lo mejor es preguntarlo al carnicero. Lo mismo ocurre a la hora de elegir un melón; aunque nos hayan contado muchos trucos, el que mejor lo elegirá será el frutero. Si queremos saber la procedencia de las frutas, él nos dirá desde dónde han viajado o si son de nuestra zona. Por eso es conveniente buscar un buen mercado que esté cerca de nuestra casa y al cabo de un tiempo tener proveedores fijos. Si ellos ven que somos un buen cliente —y buen cliente no quiere decir que nos gastemos mucho dinero, sino que, aunque poco, compramos regularmente— nos tratarán muy bien.

BUENO, para todos.
BONITO, pero natural.
BARATO, pero justo.

Bueno, para todos. Estamos a principios de 2009 y el mundo occidental está atravesando una tremenda crisis económica. El «otro» mundo lleva toda la vida pasando hambre. Al empezar a escribir este libro me di cuenta de que estamos viviendo una especie de ansiedad por lo barato que raya la demencia. Creemos que lo que nos cuentan en la televisión es realmente lo mejor para nosotros y para el resto de los hombres, pero realmente no es así. Lo que lleva años debatiéndose y se halla en una profunda crisis es «la realidad de las cosas».

No debemos ignorar la complejidad del mundo y consumir alimentos de forma irresponsable. Debemos ser menos consumidores y más inteligentes a la hora de elegir qué queremos comer. Debemos comprar alimentos que respeten la dignidad de las personas en los países pobres. No debemos estar obnubilados por la filosofía del beneficio y del consumismo desenfrenado.

Bonito, pero natural. Debemos respetar la materia prima, animal y vegetal. Debemos respetar la vida. Lo natural no es lo «biológico», aunque lo biológico sea natural. Los alimentos naturales son los que no han sido producidos con demasiados elementos extraños artificiales. Debemos decir no a los aditivos y a los conservantes químicos, a los aromas artificiales o a los «llamados» naturales; no a las tecnologías que alteran la naturalidad del proceso de elaboración de cría, de cultivo, de cocina... Las materias primas deben ser sanas, íntegras, exentas, en la medida de lo posible, de tratamientos químicos o procedimientos intensivos. Además deben ser tratadas con métodos muy respetuosos con sus características originarias. La calidad de un queso, por ejemplo, está estrechamente vinculada con la calidad de la leche que se emplea, y será bueno en la medida en que haya sido buena la alimentación del animal que la ha producido. El mismo razonamiento vale para la carne, que será buena si el ganadero ha respetado los criterios de naturalidad: no a los aceleradores de crecimiento, a los piensos hipercalóricos o enriquecidos con antibióticos. Y también hay que respetar al máximo el bienestar del animal, no someterlo a estrés, proporcionarle una vida lo más «natural» posible durante las fases de crecimiento: espacios adecuados si se cría en granja, aunque es preferible en pastos; traslados muy cortos, sólo en caso necesario y sin camiones atestados de ejemplares. Nada de violencia; no se trata sólo de no comportarse de forma aberrante con los animales, sino de garantizar, además, que el producto final sea de calidad; el estrés y los traumas influyen en la calidad de las carnes.

Barato, pero justo. Carlo Petrini, presidente de Slow Food, en su libro *Bueno, limpio y justo* (Ediciones Polifemo) cuenta cómo empezó a «aprender la comida» en el Bajo Piamonte, donde nació, en los años de la posguerra entre 1940 y 1950. Curiosamente ese período ha sido reconocido por el Instituto de Nutrición como el momento en que los italianos se han alimentado mejor, no por opulencia y riqueza, sino por la calidad de los alimentos. Para más información sobre alimentación sostenible: www.slowfood.es

Quizá si cocinamos alimentos más humildes, como son las legumbres cultivadas en nuestro país, ganaremos en calidad de vida y no estaremos angustiados por no poder atiborrarnos de marisco.

La justicia social es el único método posible de desarrollo. Con crisis y sin crisis. La justicia se consigue respetando al hombre —al campesino y al artesano—. Como consumidores tenemos que tomar conciencia de la situación de millones de campesinos en el mundo (pero en primer lugar de los próximos a nuestra casa), conocerlos y favorecer la producción de alimentos de calidad pagándoles la justa remuneración a través de unos precios equitativos.

Debemos evitar comprar OMG (organismos modificados genéticamente). Los alimentos transgénicos son un verdadero peligro para la salud, el medio ambiente y la agricultura. Para saber qué alimentos contienen transgénicos podemos consultar la lista verde de Greenpeace.

Debemos consumir limitando la intermediación. Es necesario acortar el camino que un producto recorre desde el campo hasta nuestra mesa. Sería bueno empezar por un sano localismo respecto a todos los tipos de alimentos que pueden ser cultivados y criados en áreas geográficas próximas a nuestra casa. ¿Qué sentido tiene que la fruta, la verdura o la carne viajen a través de los continentes si pueden ser (y casi siempre lo son) producidas in situ? El alimento local ofrece como ventaja la frescura y una mayor conservación del sabor en su trayecto hasta la mesa (muchas variedades de exportación han sido seleccionadas respondiendo a criterios de conservación y resistencia a los desplazamientos, descuidando factores como la calidad y el gusto), y su consumo propicia la sostenibilidad. Con pequeñas producciones locales, el empleo de agentes químicos puede limitarse considerablemente; los productos no viajan y, por tanto, no contaminan; y además se mantienen vivas las zonas rurales con una producción autóctona variada. Por eso, la mejor forma de comprar y consumir alimentos baratos pero justos es formando grupos de consumo urbanos, pues conectan la ciudad con un campo productivo y reducen la intermediación especulativa.

Algunas direcciones de comercio directo

Coordinadora Estatal de Organizaciones de Consumo Agroecológico y la Sociedad Española de Agricultura Ecológica (http://www.agroeco-logia.net/) pueden ayudarnos a contactar con agricultores que nos traen a casa productos directamente del campo.

Disfruta verdura: www.disfrutaverdura.com
Recapte: info@recapte.comtel
Mil historias: www.milhistorias.es, huertaecologica@milhistorias.es
De la huerta a tu puerta: www.delahuertaatupuerta.com
Cesta verde: www.cestaverde.com, info@cestaverde.com,
Tel. 902 955 654
Soitu: www.soitu.es
Ecohuerta: http://ecohuerta.es, www.agroterra.com
La mejor naranja: info@lamejornaranja.com,
Tels. 96 297 85 46/902 360 325
Directo del campo: www.directodelcampo.com
Natur: www.natur.es
La huertuca: www.lahuertuca.com
Flesko: www.flesko.es

Medidas, pesos y equivalencias

¼ de litro = 20 cucharadas soperas = 1 vaso grande
⅛ de litro= 10 cucharadas soperas = 1 taza sin llenar
1 decilitro = 8 cucharadas soperas
1 ½ centilitro = 1 cucharada sopera

1 cucharada de aceite = 9 g
1 cucharada de leche = 15 g
1 cucharada de arroz = 15 g
1 cucharada de mantequilla = 15 g

1 cucharada de mayonesa = 30 g
1 cucharada de miel = 30 g
1 cucharada de queso rallado = 10 g
1 cucharada de pan rallado = 10 g
1 cucharada de sal = 15 g

Cantidades que se deben calcular por persona

Arroz en crudo: 75 g
Legumbres en crudo: 100 g
Sopas: ¼ l
Pasta: 70 g
Verdura: 250 g
Verduras como guarnición: 150 g
Patatas: 300 g
Patatas como guarnición: 50 g
Filete: 150 g
Carne asada en crudo: 200 g
Pescado: 200 g
Mejillones con conchas: ½ kg

Que no falte...

En la despensa:

- Aceite de oliva, aceite de oliva virgen extra y aceite de girasol.
- Vinagre de vino, vinagre balsámico y vinagre de arroz.
- Sal de mesa y sal gorda.
- Ajos.
- Harina.
- Arroz blanco, arroz integral y arroz basmati.
- Azúcar blanco y azúcar glas.
- Legumbres: judías pintas, lentejas, garbanzos, frijoles negros y guisantes secos.
- Cuscús.
- Pasta seca: espaguetis, macarrones, pasta de lasaña y fideos.
- Tomate pelado en conserva.
- Frutos secos: piñones, pasas y nueces.

- Latas de atún, anchoas, pimientos del piquillo y sardinas.
- Chocolate para fundir.
- Cacao en polvo.
- Salsa de soja, tabasco.
- Hierbas aromáticas y especias: pimienta negra en grano, curry, semillas de comino, orégano, guindillas, azafrán en hebras, clavos de olor y laurel.

Las hierbas aromáticas frescas mejoran cualquier plato. No son caras y cultivarlas en casa, en un balcón o terraza, o incluso en unos invernaderos pequeñitos que venden especialmente para su cultivo, es fácil y barato. Algunas hierbas aromáticas, como el romero y el tomillo, protegen además de plagas a otras plantas, como los rosales, evitando así que usemos pesticidas. No necesitan cuidados especiales ya que en España tanto la hierbabuena como el orégano y la mejorana resisten al invierno. Durante todo el año podemos tener menta, salvia, tomillo, perejil...

En la nevera:
- Huevos.
- Leche.
- Patatas.
- Tomates.
- Cebollas.
- Mantequilla.

Utensilios imprescindibles en la cocina:
- Cuchillo grande.
- Cuchillo patatero o puntilla.
- Cuchillo de sierra grande.
- Tijeras.
- Tabla de madera o de plástico para cortar.
- Colador o escurridor grande.
- Cuchara de madera grande.
- Cuchara de madera pequeña.
- Embudo.
- Espumadera.

- Cacillo.
- Sartén antiadherente grande.
- Sartén antiadherente pequeña.
- Chino.
- Mortero.
- Bol grande.
- Rallador.
- Pelapatatas.
- Fuentes de horno de varias medidas.
- Juego de cazuelas: pequeña, mediana y grande.
- Cazo pequeño.
- Batidora con varillas para montar nata.
- Jarra de litro con las medidas marcadas.
- Jarrita de un decilitro.
- Juego de cortapastas (opcional).
- Biberón de plástico para salsear (opcional).
- Olla exprés grande (absolutamente imprescindible para ahorrar energía, tiempo y dinero).
- Peso de repostería.

Salsas

La palabra «salsa» viene del latín, *salsus*, que significa «con sal». La utilidad de las salsas es exactamente eso, hacer que los platos tengan «salero».

Los buenos cocineros dominan la técnica de las salsas, y pueden verdaderamente lucirse.

Las salsas pueden clasificarse de varias maneras: vinagretas, jugos de asados, dulces, saladas, calientes, frías... O simplemente las que se elaboran a partir del ingrediente principal del plato y las que son un acompañamiento independiente. Entre las que se elaboran a partir del ingrediente principal están la salsa de carne —con los jugos de las carnes—, de pescado cocido, salsa rubia —en el caso de la menestra, con el mismo caldo— y la salsa verde —con el aceite donde se ha frito el ingrediente principal—. Las que se elaboran con independencia del ingrediente principal son la mayonesa, la bechamel y la salsa barbacoa, por ejemplo.

En esta obra vamos a enseñar a preparar las salsas principales de fácil elaboración, y, sobre todo, las que utilizaremos para realizar las recetas de este libro, como la salsa de tomate, la mayonesa, la harissa... y también alguna más original, como la salsa de tahini, hecha con pasta de sésamo.

SALSA BECHAMEL

€

INGREDIENTES

80 g de mantequilla (o aceite)
70 g de harina
1 l de leche
sal
nuez moscada (opcional)
pimienta blanca molida (opcional)

Es una salsa blanca resultado de rehogar harina en mantequilla y añadir leche caliente y sal sin parar de remover. De esta salsa se derivan muchas otras.

- Se derrite la mantequilla en un cazo con cuidado de que no se queme y se añade la harina poco a poco. Se va removiendo con una cuchara de madera para que se mezcle con la mantequilla y se añade poco a poco la leche, sin dejar de remover. Si la leche está caliente, mejor.
- Se echa una pizca de sal y se deja cocer unos 10 minutos sin parar de remover en ningún momento. Éste es el truco de una buena bechamel; si no se remueve se pega al fondo.
- Se aparta del fuego.
- Si han salido grumos se puede pasar por la batidora para eliminarlos.
- Muchas personas echan un poquito de nuez moscada rallada a la bechamel y/o de pimienta blanca. Depende de gustos. La bechamel por sí misma tiene un sabor delicioso.
- **Para cremas y sopas** la proporción es de 60 g de mantequilla por 50 de harina y 1 l de leche. Queda bastante líquida.
- **Para cubrir canelones, lasaña**, etc., la proporción es de 80 g de mantequilla por 70 g de harina y 1 l de leche. Sale medianamente espesa.
- **Para hacer croquetas**, cubrir pechugas para hacerlas villaroy, cubrir un huevo cocido para freír, etc.; la proporción es de 120 g de mantequilla por 120 g de harina y 1 l de leche. Resulta una bechamel espesa.

MAYONESA

€

INGREDIENTES

1 huevo
1 taza de aceite de girasol
1 taza de de aceite de oliva
zumo de ½ limón
sal

La salsa mayonesa es el resultado de emulsionar huevo y aceite con un poquito de limón o vinagre, sal, mostaza, etc. Casi todo el mundo la prepara con la batidora, aunque también se puede hacer a mano. Cada uno puede prepararla a su gusto, con aceite de oliva o de girasol, con vinagre o limón y con o sin mostaza.

- Para que no se corte la mayonesa es recomendable tomar las siguientes precauciones. El vaso de la batidora debe estar completamente seco, sin una gota de agua. No debe hacerse en una ensaladera o bol. El recipiente adecuado es el vaso de la batidora.
- Se saca un huevo de la nevera ½ hora antes de hacer la mayonesa, pues se liga mejor si no está excesivamente frío. Se casca en el fondo del vaso con un poco de sal y el aceite. Se mete el brazo de la batidora hasta que toque el fondo y se pone en funcionamiento durante unos 30 segundos sin moverlo ni levantarlo. Al cabo de ese tiempo se emulsiona sin parar de batir con leves movimientos de brazo arriba y abajo, para dejar que entre aire en la mayonesa, que ya se habrá cuajado. Se añaden entonces unas gotas zumo de limón y en cuestión de segundos estará lista.
- Si la mayonesa se corta (se queda líquida de repente), se puede arreglar poniendo otro huevo en el recipiente con la mayonesa cortada y batiéndolo sólo unos segundos.

SALSA ROSA

€

INGREDIENTES	
7 cucharadas de mayonesa	1 cucharada de coñac
2 cucharadas de ketchup	1 cucharada de zumo de naranja
1 cucharadita de tabasco	sal
1 cucharada de perryns	pimienta blanca

La salsa rosa se deriva de la mayonesa. Es ideal para platos fríos y ensaladas, y sobre todo para acompañar pescados y mariscos.

- Se prepara una mayonesa (ver p. 26) y se mezcla con el resto de los ingredientes hasta que quede homogénea.
- La salsa rosa con nata se hace como la salsa rosa normal pero sin zumo de naranja y añadiendo 2 cucharadas de nata líquida. Tiene una textura diferente.

SALSA TÁRTARA

€

INGREDIENTES

- **7 cucharadas de mayonesa**
- **¼ de cebolla mediana**
- **1 cucharada de perejil picado**
- **1 pepinillo pequeño**
- **1 cucharada de alcaparras**

La salsa tártara es ideal para acompañar pescados y mariscos.

- Se escurren bien los pepinillos y las alcaparras, y se pican todos los ingredientes muy finos.
- Se prepara una mayonesa (ver p. 26) y se mezcla con todos los ingredientes en frío.

ALIOLI

INGREDIENTES

Falso alioli hecho con mayonesa:

7 cucharadas de mayonesa **1 diente de ajo**

La salsa alioli es muy fuerte, pues se prepara con ajo crudo. Sirve para acompañar arroces, pescados e incluso para tomarla con pan como aperitivo. En muchos restaurantes la sirven en medio de la mesa para ir abriendo boca.

- Sólo hay que preparar una mayonesa (ver p. 26) triturando en ella el ajo crudo.

INGREDIENTES

Verdadero alioli:

1 vaso de aceite de oliva **sal**
2 dientes de ajo

El verdadero alioli no lleva huevo. Como bien dice su nombre, es simplemente all *(ajo) y* oli *(aceite).*

- En un mortero se machacan bien los ajos pelados, con sal para que no resbalen. Cuanto mejor se machaque, mejor liberará el ajo los componentes que favorecen que luego ligue la salsa.
- Se va agregando un hilo de aceite mientras se remueve con paciencia, hasta que se empiece a ligar la salsa. Se sigue echando el aceite muy poquito a poco, hasta que el alioli esté ligado por completo.
- No es fácil. Probablemente no salga a la primera, pero bueno, al contrario de lo que ocurre con la mayonesa, que si no liga no se puede servir, un alioli mal ligado siempre puede servirse como una salsa de ajo y aceite...

SALSA DE TOMATE

€

INGREDIENTES

5 tomates medianos
1 cebolla grande
5 cucharadas de aceite de oliva
azúcar
sal

Es muy práctico preparar más cantidad y congelarla en bolsas pequeñas para utilizarla cuando queramos hacer pizzas, acompañar una pasta, etc.

- En un cazo se ponen 2 cucharadas de aceite y se añade la cebolla picada. Se pocha (se rehoga bastante tiempo a fuego lento) hasta que se dore bien, sin prisa. Debe quedar tansparente.
- Se pone al fuego una cazuela con agua y cuando hierva se sumergen los tomates —previamente marcados con una incisión en la base— durante 30 segundos. Se sacan y se refrescan bajo el grifo con agua fría; la piel se resquebraja y sale casi sola.
- Se cortan en trozos y se mezclan con la cebolla para que se pochen también. Se salan y se les añade 1 cucharadita de azúcar para que pierdan su acidez.
- Se tritura todo fuera del fuego con una batidora y se rectifica de sal si ha quedado soso.
- Se vuelve a poner al fuego hasta que hierva, y ya está lista la salsa de tomate.
- Se puede preparar de la misma manera con tomate natural en conserva, en trozos o triturado.

PIPERRADA

€

INGREDIENTES

1 ajo pelado	1 tomate muy maduro
1 cebolla	1 vaso pequeño de caldo de verduras
2 pimientos morrones	2 cucharadas de aceite de oliva virgen extra
2 pimientos del piquillo	sal
1 pimiento verde	azúcar

- Se ponen el ajo y la cebolla bien picados en una cazuela con el aceite y se doran a fuego suave.
- Conviene hornear un poco los pimientos —sean de la clase que sean, e incluso los del piquillo—, aunque ya vengan asados. La razón es que los sopletes industriales no asan tan bien como el horno. Por eso siempre es bueno hornearlos o pasarlos un poco por la plancha. Sólo nos llevará unos minutos. A continuación se pelan y despepitan, y se añaden troceados a la cebolla y al ajo.
- Se agrega el tomate pelado (tras escalfarlo 30 segundos en agua hirviendo con una incisión en la base) y cortado en trozos muy pequeños. Se deja cocer 15 minutos. Se añade el caldo de verduras (o agua) y se echa un poco de sal y una cucharadita de azúcar.
- Se sirve acompañando verduras, carnes o pescados.

SALSA AGRIDULCE CHINA

€

INGREDIENTES

- **100 g de piña (puede ser de lata)**
- **1 pimiento verde**
- **1 cebolleta**
- **1 zanahoria pequeña**
- **1 diente de ajo**
- **1 trozo de jengibre fresco (tamaño de 1 nuez)**
- **3 cucharadas de vinagre de arroz blanco**
- **2 cucharadas de azúcar**
- **1 cucharada de salsa de soja clara**
- **1 cucharada de ketchup**
- **1½ cucharadita de aceite de cacahuete o girasol**

Esta salsa sirve para preparar carnes agridulces y también para acompañar, servida en un cuenco, rollitos de primavera, wontons, etc.

- En un bol se mezcla el vinagre con el azúcar, el ketchup y la salsa de soja clara, y se reserva.
- Se pican la cebolleta y el pimiento en trozos gruesos. La zanahoria, pelada o raspada, se corta en rodajitas finas.
- En una sartén o cazuela se calienta 1 cucharada de aceite y se saltean (se fríen muy rápido) la cebolleta, el pimiento y la zanahoria durante 2 minutos. Se retiran del fuego y se reservan.
- Se limpia la misma sartén o se coge otra y se calienta el resto del aceite para saltear el ajo picado y el jengibre rallado hasta que empiecen a desprender aroma. Se vierte entonces en la sartén la mezcla de vinagre del bol. Se lleva a ebullición y se añade la piña cortada en trozos pequeños. Se remueve un poco y se incorpora la cebolleta junto con el pimiento y la zanahoria. Se remueve bien... y ya está lista.

SALSA VIZCAÍNA

€

INGREDIENTES

8 pimientos choriceros
2 cebollas
2 galletas María
20 g de manteca de cerdo
2 dientes de ajo
½ l de caldo de verduras

Esta salsa, como todas las que están hechas con pimientos choriceros, está para chuparse los dedos. Sirve, por ejemplo, para preparar bacalao a la vizcaína o albóndigas, para acompañar cualquier carne a la plancha, etc.

Los pimientos choriceros son rojos, alargados y se compran secos. En el mercado los vemos en ristras como las de ajos. Hay que hidratarlos en agua durante 1 hora. Después hay que quitarles las pepitas y la piel. Para ello hay que rasparlos con un cuchillo hasta que la carne se desprenda de la piel. La primera vez que realizamos esta operación parece un rollo, pero el sabor de la carne de los pimientos choriceros merece la pena. Si no tenemos tiempo, siempre podemos comprar un tarro pequeño de carne de pimientos choriceros.

- Se pica el ajo y se dora en una cazuela con la manteca de cerdo. Se agrega la cebolla muy picada y se cocina a fuego lento hasta que se oscurece. Se agrega la carne de los pimientos choriceros (abulta muy poco). Se vierte el caldo y se incorporan las galletas María.
- Se remueve y se deja hervir destapado a fuego muy lento durante ½ hora. Se pasa por el chino o se tritura con la batidora. Si se tritura pierde su color rojo porque entra oxígeno, pero se arregla fácilmente volviendo a hervirla (esto ocurre con todas las salsas calientes cuando se trituran). También se puede hacer añadiendo un tomate a la mezcla.

SALSA DE TINTA DE CALAMAR

INGREDIENTES

€

4 bolsas de tinta de calamar (compradas en la pescadería)
1 cebolla
1 ajo
1 pimiento verde
3 tomates o ½ lata de tomate natural
3 cucharadas de aceite
sal
azúcar

Esta salsa es la misma con la que se preparan los calamares en su tinta. Como resulta muy buena para acompañar cualquier pescado rebozado, aquí damos una sencilla receta que se puede hacer con las bolsas de tinta de calamar (normalmente de sepia) que venden congeladas o no en las pescaderías y supermercados y que son muy baratas.

- Se cortan la cebolla, el pimiento y el ajo en trozos grandes, pues luego se triturarán.
- En una sartén se pone el aceite a calentar y se añaden las hortalizas, excepto el tomate. Se rehogan a fuego lento y cuando estén bien pochadas se agregan los tomates —sin pelar— en trozos o la lata de tomates previamente escurridos.
- Se incorpora también la tinta desleída en ½ vaso grande de vino tinto o de agua. Se deja hervir la mezcla a fuego lento y destapada durante 15 minutos.
- Se tritura con la batidora y se pasa por un chino o colador para que no queden pielecillas.

SALSA DE PESTO

€

INGREDIENTES

1 puñado de piñones (50 g más o menos)
½ diente de ajo
30 g de albahaca fresca (3 manojos)
½ vaso grande de aceite de oliva virgen de sabor suave
70 g de queso parmesano
pimienta negra recién molida
sal
azúcar

El pesto es una salsa genial que gusta a todo el mundo menos a los que odian el ajo en crudo. Tiene un color verde intenso y también un sabor intenso. Se puede preparar con más o menos ajo dependiendo del gusto de cada uno. Se emplea para cocinar cualquier pasta al pesto, pero también está muy rica como relleno de tomates cherry, simplemente con tostaditas, o como acompañamiento de carnes, etc.

- Los piñones se tuestan en una sartén con un poquito de sal sin aceite ni mantequilla, pues los frutos secos ya sueltan su propia grasa. En cuanto empiezan a tostarse se sacan de la sartén porque se siguen cocinando solos y se queman con facilidad.
- Se ponen los ajos en un mortero —mejor que en un robot de cocina o que en el vaso de la batidora—, se añaden las hojas de albahaca y se maja (se aplasta bien con la mano del mortero). Se incorporan los piñones tostados ya fríos y se sigue majando.
- Se pone la mezcla en un bol y se añade la mitad del queso parmesano recién rallado. Se remueve lentamente mientras se va vertiendo un hilo de aceite para ir ligando la salsa. Debe quedar líquida pero espesa.
- Se prueba y se repite la misma operación. Es decir, se añade el resto del queso y el aceite poco a poco sin parar de remover.
- Se le puede echar 1 cucharadita de zumo de limón, que potencia el sabor de la albahaca.

SALSAS ROQUEFORT

€

INGREDIENTES

Salsa de roquefort fría hecha con nata:

100 g de queso roquefort (o cabrales o queso azul)
1 taza de nata líquida
2½ cucharadas del leche

Esta salsa es muy fácil de preparar y se toma en frío (a temperatura ambiente) con verduras, ensaladas, etc.

- Se machaca el queso en frío con la ayuda de un tenedor, mezclándolo con la leche hasta formar una pasta espesa. Se va añadiendo poco a poco la nata para aligerarla.
- Si se quiere más espesa, por ejemplo para unas endivias al roquefort a modo de aperitivo —deben comerse con la mano e interesa que la salsa no se caiga—, se echa más queso.

€

INGREDIENTES

Salsa de roquefort caliente hecha con bechamel:

1 vaso grande de bechamel
165 g de queso roquefort

Es perfecta para servirla caliente sobre una carne a la plancha, como el entrecot al roquefort, los solomillos de cerdo en salsa roquefort, etc.

- Se elabora una bechamel (ver p. 25) y se mezcla muy bien con el queso batiéndola con la batidora.

SALSA DE MOSTAZA

€

INGREDIENTES

6 cucharadas de mantequilla
1 cucharada de harina
1 vaso grande de agua
2 yemas de huevo
2 cucharaditas de mostaza

Esta salsa también es muy fácil de preparar y realza el sabor de las pechugas de pollo, de pavo, los filetes, etc.

- Se prepara un vaso de agua caliente.
- Se pone la mitad de la mantequilla en una sartén a fuego suave. Cuando esté derretida se añade la harina y se le dan unas vueltas con una cuchara de madera, mientras se va vertiendo poco a poco el agua caliente sin parar de remover para que no se formen grumos. En cuanto rompe a hervir se retira del fuego.
- Se ponen en un bol las yemas de huevo, se agregan 2 cucharadas de salsa de la sartén y se remueve rápido para que las yemas no cuajen. Se incorpora el contenido del bol a la sartén y se mezcla.
- En el bol se pone el resto de la mantequilla con la mostaza, se le añaden 3 o 4 cucharadas de la salsa de la sartén y se emulsiona bien. Cuando la mantequilla esté bien desleída, se vuelve a echar el contenido del bol a la sartén y se pone a fuego lento unos segundos sin dejar de remover.
- Se rectifica de sal y se sirve inmediatamente.

PURÉ DE MANZANAS

€

INGREDIENTES

4 manzanas reinetas
125 g de azúcar
1 vaso pequeño de zumo de naranja o de sidra

Este puré barato y fácil de elaborar sirve para preparar postres y para acompañar carnes. Es muy apropiado para platos navideños.

- Para asar las manzanas en el horno sólo hay que quitarles el corazón con un descorazonador o con un cuchillo. Se ponen en una bandeja de horno. El hueco de las manzanas se rellena con el azúcar. Después se moja el azúcar con sidra o zumo de naranja. Se meten en el horno, precalentado a 180º, durante 30 o 40 minutos dependiendo de su tamaño.
- Se dejan enfriar, se pelan y se trituran un poco.
- Para asarlas en el microondas se procede de la misma manera, aunque después de mojar el azúcar del relleno con la sidra o el zumo de naranja se envuelve el recipiente con película transparente. A continuación se mete en el microondas durante 3 minutos a la máxima potencia. Pasado este tiempo, las manzanas se dejan enfriar y se trituran.
- Las manzanas asadas en el horno presentan un color más oscuro y tienen un sabor más tostado. Las asadas en el microondas adquieren un color más claro.

PURÉ DE CASTAÑAS

€€

INGREDIENTES

1 kg de castañas
3 vasos de leche
1 vaso grande colmado de nata líquida
200 g de azúcar

Éste es el puré navideño por excelencia. Se utiliza, como el de manzana, para preparar postres y para acompañar carnes. Es la guarnición ideal para la pularda, el pavo, el pato, etc.

- Las castañas se asan con la piel, preferiblemente en una sartén. Es necesario hacerles una incisión profunda en un costado porque, de lo contrario, explotan.
- Se ponen en la sartén a fuego medio durante 20 o 25 minutos removiendo con frecuencia. Se pelan en caliente y se echan en un cazo con la leche, la nata líquida y el azúcar.
- Se cuece todo 45 minutos a fuego lento con el cazo destapado, vigilando y removiendo para que no se peguen al fondo.
- Dependiendo de la receta se echan más o menos castañas para que quede más o menos espeso

SALSA DE TAHINI

INGREDIENTES

€

½ vaso de aceite de girasol
100 g de tofu suave
¼ de vaso de zumo de limón
5 cucharadas de tahini
1 diente de ajo
1 cebolleta
2 cucharadas de tamari
1 vaso de agua
½ cucharadita de sal

Esta salsa es muy nutritiva. Las pasta de tahini sólo contiene sésamo tostado molido, uno de los alimentos con más calcio. Así, en pasta, es fácil comerlo en mayores cantidades que en semillas. Si preparamos una ensalada o verduras con un poco de arroz y les añadimos unas cucharadas de salsa de tahini, tomaremos una combinación muy alimenticia y ligera. Y además, vegetariana.

La pasta de tahini se compra en grandes superficies y en tiendas árabes.

El tamari es una sal de hierbas que se compra en herbolarios.

- Se pican la cebolleta y el ajo muy finos. Se ponen en el vaso de la batidora con el resto de los ingredientes y se trituran.
- Se puede hacer más o menos espesa agregando más o menos agua.

SALSA HARISSA

€

INGREDIENTES

300 g de pimientos rojos picantes
1 cucharadita de cilantro en polvo
8 cayenas
1 taza de aceite de oliva
1 cucharada de tabasco
1 cucharada de menta fresca picada

Esta salsa, o pasta, marroquí sólo es para personas a las que les guste el picante. Se sirve en un cuenco pequeño para añadir un poco al caldo del cuscús, por ejemplo, o para poner una pizca en un estofado de carne o en una sopa; nos hará entrar en calor por los efectos del picante.

- En una sartén, con un chorrito de aceite, se doran los pimientos troceados, que después se triturarán. Si no encontramos pimientos rojos picantes, se puede preparar con pimientos del piquillo. Cuando estén doraditos se añaden el cilantro, las cayenas aplastadas, el tabasco y la menta. Se deja pochar a fuego lento durante 15 minutos, removiendo de vez en cuando.
- Se deja enfriar. Se vierte la salsa en el vaso de la batidora, se añade el aceite y se tritura.

AVISO: Es realmente picante.

Aperitivos

Fingerfood (*finger*: dedo; *food*: comida) es como se llama a los aperitivos que se pueden comer con las manos sin necesidad de platos y cubiertos.

Todos los aperitivos que aparecen en este libro son *fingerfood*. Son muy prácticos para fiestas, para pasarlos en bandejas o para cuando no queremos ensuciar platos y cubiertos o no tenemos suficientes. También son muy apropiados para lugares donde no hay mesas de apoyo, ya que podremos sujetar nuestra copa con una mano y con la otra comer sin armarnos un lío.

Las fuentes de aperitivos nos dan la posibilidad de crear presentaciones muy bonitas y coloristas. Para ello podemos utilizar frutas, flores, tallos de cebollino, hojas de hiedra...

Los vinos más adecuados para los aperitivos son el cava y el jerez, y por supuesto la cerveza. Y no hay que olvidar el vino tinto, ya que mucha gente toma vino tinto con todo.

GUACAMOLE

€

INGREDIENTES

2 aguacates maduros
1 cebolla mediana
1 diente de ajo
1 cucharada de zumo de limón
1 tomate maduro
1 cucharadita de cilantro fresco picado
salsa de tabasco
pimienta negra recién molida
sal

El guacamole es una salsa de origen mexicano, aunque está extendido por casi todo el mundo. Puede utilizarse también para untar en el pan de bocadillos y hamburguesas, porque les da sabor y frescura. No es conveniente preparar mucha cantidad, ya que no se conserva bien ni en la nevera.

- A veces es difícil elegir unos aguacates en su punto de madurez, pues si están muy maduros, por dentro están negros. Deben estar blandos pero no demasiado. Lo mejor es pedir al frutero que los elija.
- Se pelan los aguacates y el tomate, y se trocean pequeños; se pica la cebolla y el ajo. Se mezcla todo con unas gotas de tabasco, el zumo de limón, sal, pimienta negra recién molida y el cilantro. Puede triturarse en un robot de cocina o aplastándolo con un tenedor (mejor).
- Se sirve en un bol con el hueso del aguacate en el centro para que no se oxide la crema de guacamole. Se suele acompañar con nachos de maíz, que se pueden encontrar en cualquier supermercado.

HUMMUS

€

INGREDIENTES

- 1 tarro de 1 kg de garbanzos precocidos
- 2 cucharadas de tahini
- 2 cucharadas de zumo de limón
- 4 cucharadas de aceite de oliva virgen extra
- 1 diente de ajo
- 2 cucharaditas de pimentón picante
- sal

El hummus es un plato de origen libanés que se toma a temperatura ambiente (no frío de la nevera), es barato y de fácil y rápida preparación.

La tahini es 100% sésamo tostado molido. Es una pasta de aspecto similar a la manteca de cacahuete. Se encuentra en cualquier tienda árabe o internacional y en grandes superficies. Tiene múltiples vitaminas y todas las propiedades de los frutos secos, incluido el calcio. Se conserva mucho tiempo, por lo que nos puede servir para más veces y para más recetas.

- Se escurren los garbanzos, se aclaran bajo el chorro de agua en un colador grande y se trituran junto con los demás ingredientes en una batidora, mientras se va añadiendo el aceite poco a poco, hasta que quede una crema fina.
- Se sirve en una fuente o plato llano, adornado con un chorrito de aceite de oliva virgen extra por encima y espolvoreado con pimentón.
- Se toma con pan de pita (pan sin levadura) calentado en el microondas o en el horno, o con barritas de crudités. Para preparar las crudités (vegetales en crudo) se pelan 3 zanahorias tersas y unos tallos de apio bien lavados, y se cortan longitudinalmente intentando que todos los trozos tengan la misma medida. Se colocan dentro de un bol del que sobresalgan. Se come cogiendo con dos dedos un extremo de las barritas de crudités y untando el otro en el hummus.

CROQUETAS DE HUEVOS DUROS

€

INGREDIENTES

8 huevos	**1 l de aceite de girasol**
4 cucharadas de harina	**pan rallado fino**
¾ l de leche	**2 huevos**
25 g de mantequilla	**sal**

Se pueden hacer de jamón (en trocitos pequeños), de langostinos (añadiendo a la salsa bechamel el jugo resultante de haberlos frito antes), de restos de pollo...

- Se llena un cazo con agua y cuando rompa a hervir se echa 1 cucharada de sal y se introducen los huevos con precaución de que no se rompan. Lo mejor es con la ayuda de un cucharón, uno a uno, en vez de con la mano. Conviene darles unas vueltas de vez en cuando con una cuchara de madera para que la yema no se quede en un extremo cuando cuajen. Se dejan cocer unos 12 minutos. Se tira el agua caliente y se enfrían bajo el chorro de agua fría. Se pelan en el momento de usarlos.
- Se prepara aparte una bechamel.
- Se trocean los huevos duros y se agregan a la bechamel mezclándolos con un movimiento envolvente, sin espachurrarlos. Se ponen en una fuente baja untada de aceite y se dejan enfriar 2 horas como mínimo en la nevera.
- Se ponen tres platos, uno con dos huevos batidos, otro con un poco de harina (opcional) y el otro con pan rallado. Se forman las croquetas con ayuda de dos cucharas soperas, o de postre si se quieren pequeñitas, y se rebozan pasándolas primero por la harina, luego por los huevos batidos y después por el pan rallado fino. Se fríen en abundante aceite hasta que queden doraditas.

CUCHARITAS DE BOLETUS CON BECHAMEL

€

INGREDIENTES

300 g de boletus congelados	**¾ l de leche**
1 cebolla	**25 g de mantequilla**
2 cucharadas de aceite de oliva	**sal**
4 cucharadas de harina	**pimienta blanca molida**

Los boletus son unas setas muy sabrosas que en España sólo se encuentran en el campo durante el otoño. Actualmente se pueden comprar en los mercados en otras épocas porque los traen de los países del Este. Tienen un sabor fuerte muy rico y una textura un poco babosa. Son caros, pero los congelados resultan económicos; además, para algunos guisos son mejores, pues su sabor está más concentrado.

- Se descongelan los boletus a temperatura ambiente sobre una rejilla para que escurran el agua que contienen, durante 2 horas más o menos dependiendo del calor. Se corta la cebolla en trocitos muy pequeños.
- En una sartén se pone a calentar el aceite y se añade la cebolla para que se poche a fuego lento. Cuando esté transparente se agregan los boletus y se rehogan durante 3 o 4 minutos.
- Aparte se prepara una bechamel (ver p. 25).
- Se mezclan la bechamel y los boletus con la cebolla y se sirve en cucharitas de loza (las venden en la mayoría de los establecimientos asiáticos) o en tartaletas pequeñitas, que se pueden comprar en cualquier gran superficie.

PASTA GRIEGA DE QUESO Y ACEITUNAS

€€

INGREDIENTES

150 g de mantequilla
1 taza de albahaca fresca
½ vaso de nata líquida
1 taza de parmesano rallado
1 taza de aceitunas negras sin hueso
200 g de queso feta
1 cucharada de alcaparras
½ taza de piñones

Las aceitunas y el queso feta son dos de los ingredientes que más se utilizan en la cocina griega.

- Se pican las hojas de albahaca previamente lavadas y tras retirar los tallos.
- Se tritura en el robot de cocina o con un tenedor la albahaca, la mantequilla, la nata, el parmesano, el queso feta, las aceitunas, las alcaparras y los piñones previamente tostados en una sartén sin aceite (se tuestan en su propia grasa); se reserva una cucharada de piñones para adornar.
- Se tapa la pasta resultante y se deja toda la noche en la nevera.
- Se sirve en un bol y con los piñones reservados por encima.
- Se puede tomar con bastoncitos de zanahorias y apio, con pan o con galletitas.

QUESO CON FRAMBUESAS

€

INGREDIENTES

250 g de frambuesas
150 g de queso roquefort o torta del casar
1 pan de chapata o cualquier otro de buena calidad

- Se corta el pan en rebanadas no muy gordas y se tuestan.
- Se untan con el queso y se ponen 1 o 2 frambuesas sobre cada tostada.
- Esta combinación de queso fuerte graso mezclado con la acidez de las frambuesas resulta muy rica. Se pueden utilizar frambuesas congeladas.

BROCHETITA DE MELÓN A LA PLANCHA CON TRUCHA AHUMADA

€

INGREDIENTES

150 g de trucha ahumada
½ melón pequeño
vinagre de Módena
1 chorrito de aceite de girasol
palitos de madera para brochetas

Los palitos de brochetas de bambú o de madera se pueden encontrar en tiendas orientales, grandes superficies y tiendas especializadas.

Esta brocheta tiene un sabor muy peculiar gracias al contraste entre el gusto intenso de la trucha ahumada y el gusto refrescante del melón.

- Se corta la trucha ahumada en dados gruesos y se reserva.
- Con un sacabocados se extraen bolitas de melón.
- En una sartén a fuego fuerte se echa un chorrito de aceite y se pasan las bolitas hasta que queden doradas.
- Se bañan en un plato sopero o cuenco con unas gotas de vinagre.
- Se sacan y se engarzan en palitos de brochetas, alternando una bolita de melón, un trocito de trucha ahumada y otra de melón.

TOMATITOS CHERRY RELLENOS DE PESTO

INGREDIENTES

€

½ kg de tomates cherry medianos
1 taza de perejil fresco picado
2 dientes de ajo
2 cucharadas de piñones
½ taza de queso parmesano rallado
¼ taza de albahaca fresca picada
sal
pimienta negra recién molida

También pueden rellenarse de arroz o de atún con mayonesa.

Estos tomates rellenos quedan muy bonitos y son muy apetecibles. El pesto (piñones, albahaca, ajo y parmesano) áspero e intenso combina muy bien con la frescura y la suavidad del tomate.

- Se corta la parte superior de los tomates (la del rabo) y se vacían los tomatitos con el sacabocados o con una cucharita pequeña. Para hacer esto es conveniente comprarlos de tamaño mediano, porque si son muy pequeños es difícil vaciarlos. Se dejan 2 horas boca abajo sobre papel absorbente para que se escurran.
- Se elabora la salsa de pesto (ver p. 35) y se reservan varias hojas de albahaca.
- Se rellenan los tomates con la salsa y se adornan con una hojita de albahaca como si fuera el rabito de los tomates.
- Se sirven fríos pero no de la nevera.

BROCHETAS DE TOMATES CHERRY Y MOZZARELLA

€

INGREDIENTES

¼ kg de tomates cherry rojos	**pimienta negra recién molida**
¼ kg de tomates cherry amarillos	**sal**
½ kg de mozzarella en bolitas	**aceite de oliva virgen extra**
1 cucharada de orégano seco	**vinagre de Módena**

Se puede sustituir la mozzarella por otro tipo de queso, por ejemplo queso con cominos.

- Se compra una bolsa de palitos de madera o bambú para brochetas no muy largos. En todos los establecimientos chinos suelen tenerlos.
- En un bol se prepara una vinagreta con el aceite de oliva virgen extra, el vinagre y una pizca de orégano, sal y pimienta.
- Se ensarta un tomatito amarillo, una bolita de mozzarella y un tomatito rojo, por este orden, en el extremo de la brocheta. Antes de servir se bañan en el bol con la vinagreta.
- Se sirven en una fuente acompañadas de un vaso tubo u otro recipiente similar para poder tirar el palito de la brocheta después de habérsela comido.

ROLLITOS ASIÁTICOS DE PAPEL DE ARROZ

€

INGREDIENTES

8 hojas de papel de arroz
¼ kg de gambas peladas congeladas
½ taza de lechuga picada
½ pepino para ensalada
unas hojas de menta fresca
2 cucharadas de brotes de soja

Las hojas de papel de arroz se compran en tiendas orientales de alimentación o en grandes superficies. Si se tienen dudas es mejor pedir ayuda y explicar que queremos hojas de papel de arroz no para freír sino para servir en crudo. Si no, nos venderán hojas para hacer rollos de primavera fritos, que son más comunes.

Los rollitos han de prepararse con paciencia uno a uno, mientras la siguiente hoja de arroz se reblandece en el agua caliente. Los rollitos son muy ricos y ligeros, pero sobre todo son un aperitivo muy atractivo, original y delicado.

- Se echan las gambas sin descongelar en agua salada hirviendo y se sacan a los 3 minutos. Se cuelan.
- Se mezclan en un bol las gambas, la lechuga, los brotes de soja y el pepino cortado en tiritas finas, con piel pero sin la parte central de las semillas.
- En un recipiente con agua caliente se van metiendo una a una las hojas de papel de arroz para que se reblandezcan: 10 segundos.
- Se pone la mezcla del bol encima de las hojas de papel de arroz, se colocan dos hojas de menta lo más separadas posible y se doblan por un lado enrollándolas firmemente y cerrándolas por los extremos laterales.
- Los rollitos resultantes son transparentes, pues no se fríen. Si se quiere se pueden cortar a lo ancho para que sean más pequeños y se vean los ingredientes al quedar abiertos por los lados.
- Se sirven junto a un bol de salsa de soja o salsa de tempura.
- Se pueden rellenar también de tiritas de calabacín, berenjena, puerro y zanahoria salteados.

CHUPITOS

Está muy de moda y resulta muy agradable tomarse unos sorbitos de cualquier crema fría en verano o caliente en invierno. Sólo es necesario tener vasitos muy pequeños, que sirven también para tomar cualquier chupito de licor.

De crema fría de espárragos blancos

INGREDIENTES €

- **1 lata de espárragos blancos**
- **2 cucharadas de nata líquida**
- **pimienta molida**
- **perejil fresco picado**

- Se ponen los espárragos en el vaso de la batidora con su agua, la nata y una pizca de pimienta en polvo. Se tritura todo y se pasa por un colador fino.
- Se sirve en vasitos pequeños espolvoreado de perejil picado.

De crema de pepino

INGREDIENTES €

- **1 pepino**
- **1 diente de ajo**
- **2 cucharadas de mayonesa**
- **1 vaso pequeño de nata líquida**
- **1 yogur natural (sin azúcar)**
- **2 vasos de caldo de verduras**
- **sal**
- **azúcar**

- Se corta el pepino pelado en trozos y se le echa sal para que suelte el agua (de esta manera el sabor será más suave).
- Se ponen en el vaso de la batidora los trozos de pepino, el ajo, la mayonesa, la nata, el yogur y el caldo de verduras, todo en frío. Se tritura muy bien y se cuela.
- Se sirve fría en vasitos.

ZÂALOUK (CREMA DE BERENJENAS MARROQUÍ)

€

INGREDIENTES

2 berenjenas medianas
4 dientes de ajo
4 tomates
5 cucharadas de aceite de oliva
½ cucharadita de pimentón dulce
½ cucharadita de semillas de comino o en polvo
1 cucharada de perejil y cilantro frescos picados
sal y pimienta

El zâalouk también resulta muy bueno como entrante. Se puede poner en el centro de la mesa un plato de esta crema de berenjenas y otro de crema de garbanzos (hummus), y pan de pita caliente en un plato o cesto tapado con una servilleta de tela para que no se enfríe ni se seque. Compartir platos resulta agradable y divertido. En otras culturas todo se pone en el centro de la mesa y se come directamente de la fuente.

- Se cortan las berenjenas bien lavadas en trozos grandes. Se pochan en una cazuela, a fuego lento, con dos cucharadas de aceite y los dientes de ajo. Se reservan.
- Se lavan los tomates y se pelan. La mejor manera es haciéndoles un corte en forma de cruz (de 1 cm más o menos) y sumergiéndolos en agua hirviendo durante 1 o 2 minutos. Después la piel se quita fácilmente con los dedos. Se cortan en trozos pequeños y se fríen en una sartén con el resto del aceite, el pimentón dulce y el comino. Se salpimenta.
- Cuando la salsa de tomate haya reducido (se haya evaporado el agua y esté más espesa), se añade la mezcla de las berenjenas con ajo y se remueve aplastando la mezcla con una cuchara de madera o con una espátula. Las berenjenas deben mezclarse con el tomate hasta que estén hechas del todo, de manera que berenjenas y tomates formen una crema homogénea sin llegar a ser un puré.
- Se sirve tibia en una fuente o cuenco. Se acompaña de pan de pita caliente (se compra en cualquier gran superficie y se calienta en sartén, microondas u horno), que se usará a modo de cuchara para coger la crema zâalouk.

HIGOS RELLENOS DE BEICON

€

INGREDIENTES

12 higos

12 lonchas de beicon

- Se cortan la parte superior (más alargada) de los higos, dejándolos abiertos como si fueran saquitos. El trozo retirado se reserva. Con la ayuda de una cucharilla pequeña o de un sacabocados se vacían con cuidado de no agujerear su piel. La carne de los higos se pica un poco y se reserva.
- Se corta el beicon en dados muy pequeños (se puede comprar ya cortado en las grandes superficies) y se doran en una sartén sin añadir aceite, pues se freirán en su propia grasa y quedarán crujientes.
- Se añade la carne de los higos y se le da una vuelta para mezclarlo. Se retira del fuego, con una cucharilla se rellenan los higos con la mezcla de la sartén y se les pone otra vez la tapita.
- Se meten en el horno, precalentado a 180º, durante 10 minutos y se sirven bien calientes.

HUEVOS DE CODORNIZ FRITOS

€

INGREDIENTES

1 docena de huevos de codorniz
1 vaso de aceite de oliva
12 rebanaditas de pan
sal

Los huevos de codorniz son muy pequeños, por eso hay que tener cuidado al cascarlos. Los mejor es hacerlo en una taza y echarlos de uno en uno en la sartén.

- Se pone el aceite en una sartén pequeña y cuando sale humo se tira un huevo con cuidado.
- Con una espumadera se va echando aceite por encima para que las claras se queden con «puntillas».
- Cuando el huevo está suelto y flota en la sartén, se saca con la espumadera y se pone sobre una rebanada de pan previamente tostada. Lo mejor es comprar una barra de pan estilo baguette, más estrecha y fina que las corrientes, pues así la rebanada será más o menos del mismo tamaño que los huevos y se podrá comer de un bocado.
- Se salan fuera de la sartén porque el aceite podría saltar.
- Se sirven bien calientes.

TACOS DE SASHIMI DE SALMÓN (SALMÓN CRUDO JAPONÉS)

€€

INGREDIENTES

1 lomo de salmón de 1 kg
1 tubito de wasabe
palitos cortos (de unos 10 cm) de bambú
salsa de soja

El sashimi es una manera japonesa de comer el pescado crudo. En Japón, los cocineros que saben cortarlo bien son verdaderos maestros y ganan muchísimo dinero.

- Se le pide al pescadero un lomo de salmón fresco, gordo, sin la raspa y sin espinas pero con la piel (se conserva mucho mejor que sin ella).
- En casa se congela durante 24 horas para prevenir el anisaki. La gente que toma pescado con anisaki puede desarrollar alergia a los pescados para el resto de su vida. Sin embargo, estos parásitos sólo los tienen los peces que comen restos de pescados muertos que los pescadores sin escrúpulos vuelven a tirar al mar y los salmones son casi siempre de piscifactoría (zonas kilométricas cercadas en medio de los mares), por lo que no comen «fuera de casa» y no corren ese peligro. De todas formas, para estar seguros es mejor congelar siempre el pescado cuando se vaya a comer crudo.
- Se deja descongelar el salmón a temperatura ambiente y se le quita la piel con un cuchillo bien afilado: más que cortando, empujando el cuchillo a ras de la piel mientras con la otra mano se sujeta un extremo de la piel y el salmón. Si esto nos resulta difícil podemos pedir al pescadero que la quite él.
- Tocando con las manos se comprueba que no tenga ninguna espina; las pocas que hubiera se quitan con unas pinzas. Se corta en tacos de 2 cm más o menos, que se ensartan en los palitos de bambú.
- Se sirven en una fuente acompañados de un bol con salsa de soja, que se habrá mezclado bien con 1 cucharadita de wasabe. El

wasabe es una pasta de rábano picante de color verde claro con la que siempre se acompaña el sashimi y el sushi (rollos de pescado crudo con arroz). Hoy en día se encuentra en cualquier gran superficie y, lógicamente, en las tiendas orientales. Como hay personas a las que no les gusta el picante, se pueden poner dos cuencos: uno con salsa soja y wasabe, y el otro sólo con salsa de soja.

BARQUITAS DE CALABACÍN

€

INGREDIENTES

3 calabacines
2 tomates rojos
2 cebolletas
1 cucharada de perejil fresco picado
½ taza de queso cheddar rallado
sal

Las barquitas también se pueden rellenar de carne picada, salsa de pesto...

- Se cortan los calabacines a lo ancho en trozos de unos 3 o 4 cm. Se cortan los trozos por la mitad de forma longitudinal y se sacan las pulpas con una cucharita o con el sacabocados, teniendo cuidado de no llegar hasta los extremos, pues queremos que queden con forma de barquitas para que no se salga el relleno por proa o popa.
- Se pone agua a calentar y cuando hierve a borbotones se echan los calabacines; se dejan sólo 3 minutos para que se queden duritos y de un bonito color verde. Se sacan y se pasan por agua fría. Se secan con papel absorbente de cocina y se salan.
- Aparte se mezclan en un bol los tomates y las cebolletas, finamente picados, y el perejil.
- Se rellenan las barquitas con la mezcla del bol, se espolvorea el queso rallado por encima y se gratinan en el grill del horno hasta que se funda el queso.
- Se sirven calientes.

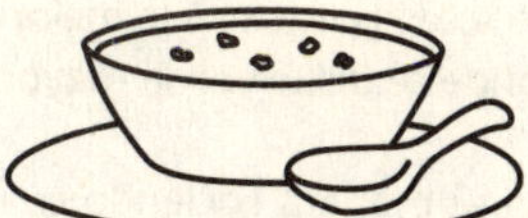

Sopas, cremas y purés

Probablemente las sopas son los platos más antiguos y más baratos. Para hacer una buena sopa hay que prepararla con una base de caldo, mejor que con agua. Lo ideal es tener caldo casero congelado en casa para utilizarlo según nos convenga y no tirar nunca el agua de cocer verduras, pollo, pescado, etc., porque es la mejor base para las sopas y porque en el agua es donde se disuelven la mayoría de las vitaminas de los ingredientes.

El caldo de verduras se prepara cociendo cualquier verdura u hortaliza (patatas, cebollas, puerros, judías verdes, espinacas, guisantes, etc.) en agua con sal durante 20 minutos. Para que el agua no se evapore hay que taparlo y se debe cocer a fuego lento. Al final se cuelan las verduras, y ya tenemos listo el caldo (caldo limpio). Si se quiere hacer un puré o una crema con las verduras, se añade patata a la cocción, se tritura todo con una batidora o un pasapurés y se le agrega un poco de nata líquida (no más de 1 cucharada por persona) o mantequilla.

Para el caldo de carne se cuece un poco de zanahoria, puerro, cebolla, apio y nabo con huesos de ternera, jamón o carne magra de ternera o vaca. No se pone patata porque lo enturbia. El de ave se hace igual, con un pollo entero o mejor con las carcasas de pollo que suelen vender muy baratas e incluso regalar los polleros. Debe cocer 1½ horas como mínimo. Para obtener el caldo (caldo limpio), se cuela y se desgrasa. Para ello se deja enfriar en la nevera o en el congelador y la grasa que queda solidificada en la superficie se quita con una cuchara. Hay unas jarras de plástico muy baratas, especiales para desgrasar. Tienen el pitorro por debajo de la superficie y el caldo se puede vaciar fácilmente, quedando toda la grasa en la jarra. Si se quiere hacer una sopa con él sólo hay que añadirle unos fideos, arroz o una patata rallada. También se puede preparar una sencilla crema simplemente añadiendo una cucharadita de maizena (harina de maíz que sirve para espesar), disuelta en un ½ vaso de caldo frío, cuando esté hirviendo el caldo y sin parar de revolver. Se puede agregar un poquito de nata líquida y unas gotas de vino o jerez.

Estos dos caldos se pueden preparar en la olla a presión en mucho menos tiempo. Se ponen los ingredientes en agua con un poco de sal hasta llenar ⅔ partes de la olla. Cuando rompe a hervir se quita la espuma que queda en la superficie (desespumar) y se tapa. Cuando empieza a hervir y a salir vapor por la válvula, se baja el fuego y se deja cocer durante 1 hora.

El caldo de pescado se hace cociendo en agua salada un poco de zanahoria, puerro, cebolla, 1 hoja de laurel, raspas, espinas, cabezas de pescado, cáscaras de marisco, cabezas de marisco (cocidas y pasadas por un colador o chino), etc. No debe cocer más de 20 minutos. Se puede preparar una sopa con este caldo simplemente añadiendo un sofrito, que se elaborará dorando en una sartén con aceite 1 ajo y ½ cebolla picados junto con 1 cucharada de harina, un poco de salsa de tomate y un chorrito de vino blanco. Para una crema, se retiran las verduras, se trituran y se mezclan con el caldo. A continuación se puede espesar la crema con una cucharadita de maizena y un poco de nata líquida.

Es importante, cuando se va a hacer una sopa, poner el agua fría, introducir los alimentos y hervirlos lentamente. Si se pone el agua caliente desde el principio, el sabor se concentra más en los alimentos sólidos que en el agua (el caldo), porque la carne, por ejemplo, si se sumerge en agua hirviendo forma una capa impermeable que hace que los jugos no salgan de su interior.

Muchas sopas pueden hacerse muy rápido y no se necesita ser un cocinero experto para lograrlo. Las sopas, cremas y purés pueden prepararse con casi cualquier ingrediente, y en el caso de los purés con restos de otros platos, como lentejas, cocido, verduras...

Para cocer el caldo de carne o de verduras en la olla exprés hay que poner los ingredientes en agua con sal hasta ⅔ de la olla, que mantendremos destapada a fuego fuerte. Cuando el agua rompe a hervir, se retira la espuma, se tapa, y cuando empieza a salir el vapor por la válvula, se baja el fuego y se deja cocer 1 hora.

Los vinos que acompañan bien a las sopas son los olorosos secos, blancos jóvenes secos y tintos jóvenes.

SOPA DE CEBOLLA

€

INGREDIENTES

400 g de cebollas
2 cucharadas de harina
4 cucharadas de aceite
1½ l de agua
150 g de pan
100 g de queso gruyer
sal

Esta sopa barata pero deliciosa es uno de los platos estrella de la gastronomía francesa.

- En una cacerola se rehogan en el aceite las cebollas cortadas en rodajas muy finas hasta que tengan un tono dorado. Se espolvorea la harina sobre las cebollas y se dan unas vueltas. Se añade el agua (fría) con un poquito de sal y se deja cocer a fuego lento 7 minutos.
- Se corta el pan (mejor si es del día anterior) en rebanadas muy finas y se tuestan.
- Se pone la sopa en una sopera resistente al horno, se echan las rebanadas de pan y se cubren con el queso gruyer rallado. Se mete en el horno a gratinar durante 20 minutos más o menos, hasta que el queso esté dorado.

SOPA DE AJO

€

INGREDIENTES

5 dientes de ajo
pan del día anterior
4 cucharadas soperas de aceite
½ cucharadita de pimentón picante
1½ l de agua
sal

Esta sopa baratísima, típica de Castilla, es la favorita de muchas personas que han probado todo tipo de sopas, desde las más sofisticadas hasta las más sencillas. Probablemente es porque la combinación de sus ingredientes humildes y modestos (pan, ajo y agua) le dan un sabor intenso y con mucha personalidad.
Cuando no se tiene nada en la nevera resulta la sopa más socorrida para salir de un apuro.

- Se corta el pan en rebanadas finas y éstas, a su vez, por la mitad. Se cubre con ellas la base de la sopera donde se servirá la sopa.
- En una cacerola se echa el aceite y se pone a calentar; cuando está caliente se incorporan los ajos, pelados y enteros, y se fríen hasta que estén dorados. Se añade una pizca de pimentón y se le da unas vueltas con una cuchara de madera para evitar que se queme el pimentón, pues se quema muy rápidamente. Si es necesario, se aparta la cacerola del fuego.
- Se echa entonces el agua y un poco de sal, y se deja cocer a fuego lento durante unos 7 minutos desde el momento en que el agua rompe a hervir.
- Justo antes de servir la sopa se puede agregar 1 yema de huevo cruda, que se cocerá en el mismo plato, siempre y cuando la sopa esté muy caliente.

SOPA HARIRA (SOPA MARROQUÍ DE CARNE)

€

INGREDIENTES

½ vaso grande de lentejas
½ vaso grande de garbanzos
200 g de carne de vaca
1 cebolla
2 tomates
2 ramas de apio verde
½ cucharadita de jengibre
unas hebras de azafrán
1 cucharada de mantequilla
½ cucharadita de pimienta negra molida
sal
1 vaso grande de harina
½ vaso de cabello de ángel (opcional)
1 vaso de cilantro y perejil fresco picados
2 l de agua

Esta sopa marroquí es perfecta para los días fríos porque nos hace entrar en calor.

- La víspera se ponen en remojo las lentejas y los garbanzos. A estos últimos se les quita la piel.
- Se pide al carnicero un pedazo de morcillo o tapa cortado en trozos. En una olla se sofríe la carne, la cebolla bien picada, los garbanzos, las lentejas, el apio lavado y picado fino, los tomates sin piel y también picados, el jengibre, el azafrán y la mantequilla. Al cabo de unos minutos se salpimenta y se añade el agua (fría). Se deja cocer durante 35 minutos.
- Para ligar la sopa se diluye la harina en 1 vaso de agua fría, removiendo enérgicamente con una cuchara o unas varillas para evitar la formación de grumos.
- Se prueba la carne para saber si está perfectamente cocida y se vierte la mezcla de harina y agua en la olla. Se remueve sin parar a fuego medio durante 10 minutos. Se agrega a la sopa el cabello de ángel (opcional), el perejil y el cilantro, y se deja que cueza a fuego lento durante 10 minutos más sin dejar de remover.
- Se sirve bien caliente.

SOPA RUSA DE REMOLACHA (BORSCH)

€

INGREDIENTES

1 kg de remolachas cocidas
1 l de caldo de carne
2 cucharadas rasas de mantequilla
1 cucharada sopera de vinagre
1 vaso de nata líquida
pimienta
sal

En Rusia, esta sopa se prepara con el caldo resultante de la cocción durante horas de la carne de morcillo; incluso la dejan fermentar unos días. La receta que aquí se explica, por cuestión de rapidez, se hace con caldo de carne casero o con un buen caldo de carne de los que se venden en cualquier supermercado.

- Se pone la mantequilla a derretir y se añaden las remolachas peladas y cortadas en trozos. Las podemos cocer nosotros mismos previamente en agua con sal como si cociéramos patatas, o comprarlas ya cocidas. Se rehogan durante unos 12 minutos.
- Después se agrega el caldo de carne, el vinagre, sal y pimienta, y se deja cocer a fuego lento durante 20 minutos.
- Se pasa por la batidora.
- Se sirve bien caliente en una sopera o en platos individuales, añadiendo un poco de nata líquida por encima para que se mezcle con la sopa y se consiga un efecto amarmolado.
- Se puede adornar con unas tiras muy finas de lombarda.
- También se puede tomar fría en verano, dejándola unas horas en la nevera antes de servirla.

CREMA DE CALABAZA

€

INGREDIENTES

- 1 l de caldo de verduras
- 1 l de agua
- 2 puerros medianos
- 1 kg de calabaza
- 2 cucharadas de aceite
- 1 vaso pequeño de nata líquida
- ralladura de 1 naranja
- pimienta blanca
- nuez moscada
- sal

- Se pone el aceite en una cacerola y se rehogan en ella los puerros, bien limpios para que no tengan arenilla y cortados en trocitos, durante unos 5 minutos.
- Se agrega la calabaza, sin piel ni semillas, cortada en trozos.
- Se añade el caldo de verduras (o el caldo de la cocción de cualquier verdura) y el agua, un poco de sal y pimienta y un pellizco de nuez moscada recién rallada.
- Se deja cocer y cuando rompe a hervir se baja el fuego, aunque debe continuar el hervor durante 30 minutos.
- Se retira del fuego y se trituran todos los ingredientes en el robot de cocina hasta que adquieran la consistencia de una crema.
- Se añade la nata líquida y se remueve para que se mezcle bien.
- Se suele servir con costrones de pan frito, pero con la piel de naranja rallada resulta diferente y tiene un sabor que contrasta muy bien con el de la calabaza. Simplemente se ralla la piel de la naranja, directamente sobre la crema, teniendo cuidado de no rallar la parte blanca, que le daría un sabor amargo.
- También queda deliciosa con unas pipas de calabaza verdes por encima. Si no las encontramos en el supermercado, en los herbolarios siempre las venden. Sólo hay que tostarlas un poquito en una sartén sin aceite ni mantequilla. Así es como se tuestan los frutos secos, que ya de por sí tienen grasa.

SOPA INDIA DE LENTEJAS CON VERDURAS

€

INGREDIENTES

300 g de lentejas indias rojas (o españolas pardinas)
1 puerro
2 zanahorias
aceite
2 cucharaditas de ralladura de limón
½ cucharadita de comino molido
1 l de caldo de verduras
1½ l de agua
2 cucharadas de zumo de limón
sal

Se pueden utilizar lentejas indias rojas o amarillas, que se encuentran en las tiendas de comida oriental, lentejas españolas pardinas (son pequeñas) o incluso unas lentejas negras (lentejas caviar) que proceden de Salamanca y que tiñen el agua de negro como ocurre con los frijoles (alubias negras).

Es una sopa ligera y especiada de sabor original.

- En una cacerola con el aceite se rehogan el puerro y la zanahoria cortados en rodajitas, junto con la ralladura de limón y el comino. Bastarán 2 o 3 minutos.
- Se agregan las lentejas y el caldo de verduras (mejor si es casero; puede ser el caldo de cocer judías verdes u otra verdura) y el agua. Se deja cocer unos 20 minutos desde que el caldo rompe a hervir o hasta que las lentejas estén cocidas.
- Se pasa todo por la batidora, se salpimenta y se añade el zumo de limón.

SOPA DE POLLO CON FIDEOS

€

INGREDIENTES

½ pollo
1½ l de agua o de caldo de ave
1 zanahoria
1 puerro o cebolla
1 vaso de fideos muy finos
2 cucharadas de aceite de oliva
pimienta
sal

- En una olla con aceite se rehoga el puerro bien lavado y cortado en trocitos.
- Se añade el pollo cortado en trozos grandes y sin la piel (pues desprende demasiada grasa) junto con los menudillos y la zanahoria lavada y pelada. Se salpimenta y se remueve un poco.
- Se añade el agua o el caldo de ave. El líquido debe estar frío y hervir lentamente para que los alimentos desprendan toda su sustancia. Se deja cocer ½ hora más o menos hasta que el pollo quede bastante deshecho.
- Se saca el pollo, se deshuesa y se corta en cuadraditos o se deshilacha.
- Se cuela la sopa, se retiran el puerro, la zanahoria y algún hueso que puede haberse desprendido, y se añaden los fideos cuando la sopa rompa a hervir. Los fideos deben hervir sólo 3 minutos, para que no queden blandengues. Se retira la olla del fuego y se añaden los trocitos de pollo.
- Se sirve bien caliente pero sin que abrase.

SOPA MINESTRONE (SOPA ITALIANA DE VERDURAS)

€€

INGREDIENTES

- 250 g de judías verdes
- 1 calabacín mediano
- 3 zanahorias
- 1 trozo de calabaza (250 g)
- 2 tomates
- 1 diente de ajo
- 1 puerro
- 1 cebolla
- 1 patata
- 1 tallo de apio
- 2 cucharadas de tomate triturado en conserva
- 100 g de judías blancas
- 2 cucharadas de hierbabuena fresca picada
- 2 cucharadas de perejil
- 100 g de fideos gordos
- 3 cucharadas de aceite de oliva
- virutas de queso parmesano
- 2 l de agua
- sal

- Se ponen en una olla con agua y sal las judías blancas (que se habrán tenido en remojo desde la víspera) y se cuecen. Cuando empiezan a hervir se «asustan» echando un poquito de agua fría que corte el hervor; lo haremos dos veces. De esta manera quedan más tiernas.
- Se hierven los fideos gordos en abundante agua con sal durante unos 7 minutos o el tiempo que diga el fabricante en el envase. Se cuelan, se enfrían bajo el chorro de agua fría y se reservan.
- Mientras se cuecen las judías se cortan todas las verduras en cuadraditos, intentando que sean del mismo tamaño. El puerro se corta en rodajitas finas.
- Se ponen los 2 litros de agua en una cacerola y cuando empieza a hervir se echan las verduras, excepto la cebolla, y el tomate triturado, y se baja el fuego. Deben cocer unos 12 o 15 minutos.
- Se prueban, y cuando estén en su punto (cocidas pero no demasiado blandas) se añaden las judías blancas ya cocidas.
- Mientras, aparte, se dora la cebolla picada en 2 cucharadas de aceite durante 5 minutos. Se agrega a la sopa.
- En un mortero se machaca el ajo con la hierbabuena y el perejil picados (reservando unas ramitas para decorar la sopa) y un poquito de sal para que no resbale. Se echa la otra cucharada de aceite y se añade a la sopa.
- Se sirve en platos individuales o en sopera, con el queso parmesano en virutas aparte.

GAZPACHO

INGREDIENTES

Para el gazpacho:

1 kg de tomates maduros
½ cebolla pequeña
½ pepino pequeño
100 g de miga de pan del día anterior
1 taza pequeña de aceite de oliva virgen extra suave
1 cucharada de buen vinagre
sal

Para la guarnición:

1 pimiento verde
1 pimiento rojo
1 cebolla mediana
4 rebanadas de pan
1 pepino

Al gazpacho cada uno le puede dar su toque personal añadiendo un poco de comino o de hierbabuena, o de huevo duro picado como de guarnición.

No se recomienda echar hielo para enfriarlo, pues se aguaría. Es mejor meterlo en la nevera con la suficiente antelación.

- En la batidora se meten por tandas las hortalizas bien lavadas y troceadas, la miga del pan y un poco de aceite, el vinagre y sal. El pepino en este caso debe pelarse. Se bate bastante para que quede bien triturado. Una vez batido todo se pasa por un chino para que la textura sea muy fina. Después se mete en la nevera para que se enfríe.
- Si a la hora de servir nos parece que ha quedado demasiado espeso, se le puede añadir un poco de agua. Si hubiese quedado desligado, siempre se puede arreglar echándole 1 cucharada de mayonesa y removiendo hasta que quede bien mezclada.
- Se sirve en una sopera o en boles individuales. Para la guarnición, se cortan las hortalizas en dados lo más pequeños posible y se disponen por separado en platitos o cuencos para que cada uno se ponga lo que desee. Sin embargo, mucha gente prefiere el gazpacho sin tropezones.

VICHYSSOISE

€

INGREDIENTES

4 puerros grandes	½ l de leche
1 cebolla grande	¼ l de nata líquida
5 patatas medianas	1 cucharada de perejil fresco
2 cucharadas de mantequilla	sal
1 l de caldo de verduras	

Esta crema ligera es un entrante perfecto para el verano, cuando hace mucho calor y no nos apetece comer platos demasiado contundentes. A pesar de lo sencilla que es, tiene un punto de elegancia.

- Se derrite la mantequilla en una cacerola grande. Se echa la cebolla troceada y se le da unas vueltas; luego se agregan los puerros bien limpios y cortados en rodajas pequeñas. Se deja hasta que se doren y se añaden las patatas cortadas en trozos pequeños y el caldo. Se sala.
- Se deja cocer a fuego lento durante 45 minutos. Si se prefiere se puede preparar en la olla exprés; bastarán 5 minutos.
- Se pasan todos los ingredientes de la cacerola por la batidora y se añade la leche. Se vuelve a batir. Se rectifica de sal, se incorpora la nata líquida y se mezcla bien.
- Es mejor prepararla la víspera y dejarla 24 horas en la nevera para que se enfríe.
- No debe quedar espesa.
- Se sirve muy fría en tazas individuales, con perejil fresco picado por encima.

SOPA DE ARROZ

€

INGREDIENTES

2 zanahorias
2 puerros
1 patata
1 trozo de jamón (de unos 50 g)
1½ l de agua o de caldo de verduras o ave
1 diente de ajo
1 ramita de perejil fresco
unas hebras de azafrán
1 vaso de arroz vaporizado
sal

Es mejor utilizar arroz vaporizado para sopas que arroz redondo normal, porque el primero no se pasa.

- Se limpian bien los puerros y las zanahorias y se cortan en dados lo más pequeños posible (*brunoise*), al igual que el jamón.
- Se pone todo en una cazuela con el agua o el caldo y se deja cocer durante ½ hora a fuego lento. Entonces se añade la patata también troceada pequeña y se deja cocer.
- Mientras, en un mortero se machacan el ajo, el perejil y el azafrán con un poquito de sal para que no resbalen.
- Cuando el caldo vuelva a hervir se echa adentro el contenido del mortero y el arroz.
- Se deja hervir durante 20 minutos y se sirve bien caliente.

PORRUSALDA (SOPA VASCA)

€ €

INGREDIENTES

¼ kg de bacalao
6 puerros
¾ kg de patatas
2½ l de agua fría
5 cucharadas soperas de aceite de oliva

La porrusalda también se puede preparar sin bacalao, pues simplemente con patatas y puerros está deliciosa.

- Actualmente se encuentra bacalao desalado congelado listo para cocinar, pero si tenemos bacalao salado (más barato), se pone en remojo en agua fría el día anterior y se cambia de recipiente y de agua unas 5 veces para desalarlo bien. Veremos que el fondo se queda lleno de sal.
- Se pone el bacalao desalado en una cacerola con ½ l de agua fría y cuando rompe a hervir se saca del agua, se le quitan la piel y las espinas y se trocea desmigándolo. Se vuelve a echar en el agua y se deja cocer a fuego lento.
- En otra cacerola con el aceite se rehogan los puerros, bien limpios para que no tengan arenilla (lo mejor es hacerles un corte longitudinal y ponerlos bajo un chorro fuerte de agua fría) y cortados en trozos. Antes de que los puerros empiecen a dorarse, se echan las patatas, peladas y cortadas en cuadrados grandecitos, se rehogan unos segundos y se añade el agua fría.
- Se deja cocer durante 20 minutos más o menos para que las patatas no lleguen a romperse.
- Se añade el bacalao con su agua y se cocina todo junto 10 minutos más. Se prueba, y si está soso se rectifica de sal.
- Se sirve bien caliente.

SOPA DE PESCADO BARATA

€

INGREDIENTES

150 g de pescadilla
1 cebolla
½ puerro
1 diente de ajo
4 cucharadas de salsa de tomate
1 chorrito de brandy (opcional)
1 cucharada de miga de pan seco triturada
aceite

Para el caldo de pescado:

1 cabeza pequeña de rape
1 cebolla
1 puerro
1 tomate
2½ l de agua

Hay mil formas de cocinar una buena sopa de pescado barata. En todas ellas, la manera infalible de que tenga un rico sabor a pescado y a mar es preparando el caldo con una cabeza de pescado. Podemos poner rape, congrio, merluza, etc. Si utilizamos salmón, la llamaremos sopa de salmón, pues este pescado tiene un gusto muy fuerte que anula el de los demás. Las cabezas son muy baratas (en algunas pescaderías las regalan), otorgan mucho sabor a los platos y además tienen carne deliciosa que jamás debe desperdiciarse.

- Para preparar el caldo, se pone en una cazuela la cabeza de pescado y las verduras troceadas (ojo al lavar el puerro, que no quede arenilla), se sazonan, se agrega el agua y se pone a cocer a fuego fuerte.
- Cuando empiece a hervir saldrá espuma en la superficie, que se debe retirar con una cuchara (desespumar), pues es poco saludable. Se deja hervir a fuego suave hasta que reduzca a la mitad. Se cuela y se reserva.
- En otra cazuela con el aceite se rehoga la cebolla muy picada, el ajo picado y el puerro en rodajitas finas hasta que estén dorados. Se echa el chorrito de brandy (opcional) y la salsa de tomate. Se añade a la cazuela con el caldo y se deja cocer todo durante 10 minutos.
- Mientras, se corta la pescadilla en trocitos. Se saca de la cabeza del pescado toda la carne y se agrega, junto con la pescadilla y el pan, a la sopa. Se rectifica de sal y se deja cocer 5 minutos más.

SOPA JAPONESA DE MISO

€

INGREDIENTES

2 l de caldo dashi
(o caldo casero de verduras)
8 cucharadas de pasta concentrada de miso
200 g de tofu
50 g de shitake o champiñones corrientes

Esta sopa clara y ligera es proteína pura, proteína vegetal. El miso procede, al igual que el tofu, de la soja. Por lo tanto, es muy alimenticio, como la carne, pero mucho más digestivo.

La pasta de miso y el caldo dashi se encuentran en las tiendas japonesas y orientales de alimentación. Se puede sustituir el caldo dashi por caldo de verduras o simplemente por agua, pues el miso de por sí es muy sabroso.

- En una olla se calienta el caldo con los champiñones limpios y laminados, o shitake sin tallo y cortado en láminas muy finas, a fuego lento y sin que llegue a hervir.
- En una sopera se pone el miso y se añade 1 vaso de caldo caliente, batiéndolo hasta que quede homogéneo. Se agrega el resto del caldo y se bate hasta que el miso se haya disuelto.
- Se incorpora el tofu (es barato y tiene la apariencia de un queso blanco compacto) cortado en dados de 1 cm más o menos.
- Se puede decorar con unas tiritas de cebolleta o de puerro, que además le dan más sabor.
- Se sirve muy caliente y, a ser posible, en boles individuales con tapa para que no se enfríe. En Japón se toma tan caliente que es costumbre sorber a cada cucharada para no quemarse. Para los japoneses sorber la sopa no es signo de mala educación.

Ensaladas

En todos los lugares del mundo se comen ensaladas. La palabra «ensalada» viene de la palabra latina *sal* y se refiere a cualquier mezcla que esté aderezada con aceite, vinagre y sal.

La base de las ensaladas son las hojas de verduras: lechuga, espinaca, hoja de roble, berro, cogollo, rúcula, endibia, escarola, lollo rosso, etc.

En España, hasta no hace muchos años, cuando pedíamos una ensalada inevitablemente pensábamos en esa ensalada mixta de lechuga iceberg, tomates en gajos, trozos de cebolla y a veces atún de lata, espárragos de lata y alguna aceituna; acompañada de lo que algunos llaman un convoy (vinagreras y salero pegajosos). En definitiva, una ensalada triste y aburrida.

Actualmente disponemos en los mercados de una gran variedad de ingredientes maravillosos para hacer ensaladas, y de aceites y vinagres deliciosos para preparar vinagretas suculentas.

Entre mis hojas favoritas se encuentra la rúcula, unas hojas verde oscuro que tienen un intenso sabor especiado. Algunos la llaman «la carne de la tierra». En Italia es un ingrediente esencial. En España hoy la encontramos en cualquier mercado y gran superficie.

Las flores cultivadas sin pesticidas también se pueden comprar en los mercados. Si no las vemos podemos encargarlas de un día para otro a cualquier frutero. Flores de calabacín, de ajo, capullos pequeños sin partes duras que pueden comerse enteros; pétalos de lavanda, de geranio, de rosas, de violetas...

Las hierbas aromáticas frescas como la menta, la albahaca y el cilantro dan un toque fresco y delicioso a las ensaladas.

Verduras de hoja como la col, la lombarda y la chicoria, si se cortan finas tienen un punto crujiente muy agradable.

Las hortalizas como la zanahoria, el calabacín, la remolacha y la alcachofa ofrecen las mismas posibilidades que los tomates, los pepinos y los pimientos, más tradicionales.

Tampoco podemos prescindir de las legumbres ni de los frutos secos. El ingrediente base de una buena ensalada pueden ser las lentejas o los garbanzos con cebolla, pimientos y tomates en dados pequeños. Y cualquier tipo de lechuga con pistachos, piñones o sésamo tostados es una delicia.

Por último, no debemos olvidar las frutas. Hoy en día se utilizan mucho las fresas, las nectarinas, las peras, las manzanas, etc.

Lo más importante para preparar una buena ensalada es limpiar muy bien todas las hojas, una por una, bajo el chorro de agua fría, y secarlas. Y, por supuesto, aliñarlas en el momento de servir.

Las ensaladas que aquí propongo —algunas clásicas que todo el mundo debería conocer— pretenden ser una fuente de inspiración para que luego cada uno cree su propio estilo de ensalada. Debemos confiar en nuestra imaginación y divertirnos.

ENSALADA CÉSAR

INGREDIENTES

€€

- 1 lechuga o 1 bolsa de hojas variadas (de brotes tiernos)
- 1 pechuga de pollo
- 4 lonchas de beicon
- 6 rebanadas de pan
- 1 diente de ajo
- 1 trozo de parmesano
- 1 lata de anchoas
- pimienta negra recién molida

- Se filetea la pechuga (lo puede hacer el pollero), se sala y se pasa por la plancha con unas gotas de aceite. Se deja enfriar y se corta en tiras finas.
- Se corta el beicon en dados pequeños y se fríe en su propia grasa hasta que quede crujiente.
- En la misma sartén del beicon se fríe el pan, previamente frotado con el diente de ajo y cortado en dados pequeños, con un poco de aceite.
- Se mezclan las lechugas variadas, lavadas hoja a hoja bajo el chorro de agua fría (a no ser que en la bolsa se especifique que ya están lavadas), con los trocitos de pollo, el beicon y el pan.
- Tanto el beicon como los costrones de pan frito se dejarán unos minutos sobre papel absorbente de cocina después de freírlos, para eliminar la grasa o el aceite sobrantes.
- Se salpimenta.
- Se prepara una mayonesa (ver p. 26).
- Se raspan unas anchoas contra la rejilla de un colador y la pizca de carne que sale se mezcla con la mayonesa. Ésta es la salsa César.
- Se sirve la ensalada en platos individuales o en una fuente, bañada con la salsa César y adornada con unas anchoas y unas lascas de parmesano.

ESCALIVADA

€

INGREDIENTES

2 pimientos grandes rojos	**2 patatas**
2 pimientos amarillos	**1 vaso grande de aceite de oliva virgen extra**
2 berenjenas medianas	**sal**
2 cebollas tiernas	

Esta receta es catalana, pero se come en todos los países mediterráneos. La versión italiana se llama peperonata.

- Las patatas se lavan con la piel y se pueden raspar con un cepillo duro especial para limpiar de tierra patatas y setas (son muy baratos y se venden en la sección de utensilios de cocina de grandes almacenes o en tiendas especializadas).
- Se lavan bien todas las hortalizas y se asan con piel en el horno bien caliente, dándoles la vuelta a media cocción.
- Se sacan cuando se ve que la piel se ha churruscado y se dejan enfriar.
- Se pelan con los dedos (la piel sale casi sola). Se cortan las berenjenas y los pimientos en tiras finas a lo largo, y la cebolla en gajos.
- Al retirar las semillas de los pimientos, hay que procurar que no caigan en el recipiente donde se servirá la escalivada.
- Se aliña con aceite de calidad, sal y pimienta negra recién molida.
- Las patatas se parten por la mitad, se vacían con una cuchara, se trocean, se aliñan y se vuelven a rellenar.
- La escalivada se puede servir tibia en platos individuales, alternando tiras de distintos colores, o en una fuente.
- Si se va a guardar parte de la escalivada es mejor separar sus componentes, pues el pimiento tiene un sabor más fuerte que los demás ingredientes.
- Se puede decorar con hojas de albahaca fresca.

ENSALADA DE QUESO DE CABRA CALIENTE

€€

INGREDIENTES

hojas variadas de ensalada
1 rulo de queso de cabra tierno
semillas de sésamo blancas y negras
sal y pimienta
1 pera

Para el vinagre de pera:
1 vaso grande de vinagre de vino blanco
1 pera

Para las vinagretas de frutas es mejor utilizar aceites ligeros (girasol, nueces, sésamo) que aceites de oliva, pues su sabor fuerte prevalecería sobre el de las frutas.

- Se debe comprar un trozo de queso de cabra tierno y en forma de rulo, ya que al hornearlo se intensifica su sabor. Se corta en 4 rodajas y se untan de aceite de oliva. La cara superior se cubre de semillas de sésamo crudas: la mitad de semillas blancas y la mitad de semillas negras.
- Se ponen las rodajas en una fuente de horno y se hornean a 200° hasta que estén blandas pero no derretidas (aproximadamente 5 minutos). Las semillas de sésamo se tostarán con el calor del horno.
- Se lavan bien las hojas de ensalada (rúcula, lechuga batavia, lollo rosso, espinaca, berro...), se secan y se aliñan con sal, pimienta y vinagre de pera (ver más abajo). Si no se dispone de vinagre de pera, se pueden aliñar con aceite de oliva y vinagre de Módena.
- Se sirve en platos individuales, poniendo el queso de cabra todavía caliente en medio de las hojas de ensalada aliñadas.
- Para preparar el vinagre de pera (o de otra fruta), se pone 1 vaso de vinagre de vino blanco con 1 pera cortada en cuartos en un recipiente no metálico. Se mezcla con una cuchara de madera sin aplastar la fruta. Se tapa y se deja macerar durante 2 días. Se calienta en un cazo justo hasta alcanzar el punto de ebullición y se cuela con un trapo fino. Se introduce en una botella de cristal esterilizada (hervida previamente).
- La vinagreta se hace mezclando ⅓ de vinagre de pera con ⅔ de aceite de nueces.

ENSALADA WALDORF

€

INGREDIENTES

2 manzanas	**6 cucharadas de yogur**
6 rodajas de apio en bola	**8 nueces**
4 manojos de hojas de apio blanco	**2 cucharadas de aceite de oliva**
1 ramillete de cebollino fresco	**sal y pimienta**

Esta ensalada es un clásico conocido en el mundo entero. Es perfecta para invierno, pues sus ingredientes son de esta temporada.

- Se pelan las manzanas y se cortan en tiras finas. Se cortan también en tiras finas las rodajas de apio en bola previamente pelado. También se pueden rallar por la parte gruesa del rallador.
- Se tuestan las nueces en una sartén sin aceite; así tendrán un sabor mucho más intenso.
- Se mezcla el yogur con el aceite de oliva, las nueces tostadas y el cebollino picado. Se reservan unos trozos de cebollino enteros para adornar la ensalada. Se salpimenta.
- Se sirve la ensalada (la manzana y el apio) en platos individuales o en una fuente, se cubre con la salsa de yogur y se decora con unas hojas de apio blanco y unas ramas de cebollino enteras que se habrán reservado.

ENSALADA DE NARANJA Y BACALAO

€

INGREDIENTES

2 naranjas	**1 cebolleta**
200 g de bacalao desalado	**albahaca fresca**
1 lata pequeña de atún en aceite	**aceite de oliva virgen extra**
1 taza de aceitunas negras	**sal**

En Málaga sirven de aperitivo en los bares una sencilla ensalada que resulta refrescante y original: cebolla en aros con gajos de naranja. La combinación es genial. Aquí la presentamos con bacalao.

Se puede comprar bacalao ya desalado. Si no, se pone en remojo en agua fría el día anterior y se cambia de recipiente y de agua unas 5 veces para desalarlo bien. Veremos que el fondo se queda lleno de sal.

- Se pone una cazuela en el fuego con agua y cuando esté caliente se incorpora el bacalao con la piel hacia abajo. A los 3 minutos se le da la vuelta y se deja cocer hasta que se haya blanqueado. Se retira del fuego y se introduce en un recipiente con agua fría para cortar la cocción. Se escurre el bacalao, se seca con papel absorbente, se le quita la piel, se corta a tiras y se reserva.
- Se pela la cebolleta y se corta en medios aros lo más finos posible. Con cebolleta queda más rica, pero también se puede preparar esta ensalada con cebolla normal.
- Se pela una de las naranjas eliminando la piel blanca, que tiene muy mal sabor, y se separa en gajos. La otra naranja se exprime y se reserva el zumo.
- Se mezclan el bacalao, la cebolleta y los gajos de naranja en un bol y se incorpora el zumo.
- Se añaden las aceitunas negras (sin hueso), el atún desmenuzado y la albahaca fresca en juliana (tiras finas), se aliña con un chorro de aceite de oliva virgen extra y se mezcla bien.

ENSALADA CAMPERA

€

INGREDIENTES

1 kg de patatas
1 pimiento rojo
1 pimiento verde
4 pepinillos
1 cebolla
1 vaso de aceitunas sin hueso
1 lata de atún en aceite de oliva
aceite de oliva virgen extra
vinagre de manzana
sal
pimienta negra recién molida

Esta ensalada se toma en verano. Se encuentra con frecuencia en los menús de restaurantes sencillos, pues es rica y contundente. Si se presenta con los ingredientes bien cortados y no en trozos grandes e irregulares, resulta muy apetecible.

- Se lavan los pimientos y se cortan en juliana (tiras finas). La cebolla se pela y se corta en medios aros finos. Se ponen en un bol y se reservan.
- Mientras, se cuecen las patatas con piel en agua hirviendo. Cuando estén cocidas (los sabremos pinchándolas con un tenedor) se sacan y se pasan por agua fría para poder pelarlas con los dedos.
- Se cortan en trozos de 1 cm más o menos y se mezclan con los pimientos y la cebolla. Se incorporan el pepinillo cortado en rodajitas, el atún desmenuzado y las aceitunas. Se salpimenta.
- En otro bol se prepara una vinagreta con ⅓ de vinagre de manzana (puede comprarse o hacerse: ver una receta similar, vinagre de pera, en la p. 87) y ⅔ de aceite de oliva virgen extra; se bate muy bien con unas varillas.
- Se aliña la ensalada y se sirve en una fuente. Se puede cortar longitudinalmente algún pepinillo y colocarlo en forma de abanico para adornar.
- Se sirve a temperatura ambiente.

ENSALADA DE POLLO THAI

€

INGREDIENTES

1 pechuga de pollo
2 cebolletas
½ cebolla roja
1 cucharada de jengibre fresco rallado
3 cucharadas de cilantro fresco
2 cucharadas de semillas de sésamo
4 hojas grandes de lechuga romana

Para la vinagreta picante oriental:

¼ de taza de aceite de oliva virgen extra
2 guindillas secas
1 diente de ajo
½ taza de vinagre de arroz
3 cucharadas de salsa de soja tamari

El tamari es un sazonador compuesto de varias hierbas que se encuentra en los herbolarios y en grandes superficies. Se puede sustituir por sal. El vinagre de arroz, que se compra en tiendas orientales y en supermercados, sirve para muchas otras recetas.

- Se cocina la pechuga de pollo a la plancha y se corta en tiras finas intentando que sean del mismo tamaño.
- Se mezclan con ½ cebolla roja troceada pequeña (*brunoise*) y las cebolletas, incluidos los tallos verdes, también troceadas pequeñas.
- Se añade el jengibre fresco rallado y el cilantro fresco picado.
- Se echan las semillas de sésamo, previamente tostadas en su propia grasa en una sartén. Hay que tenerlas al fuego muy poco tiempo, pues se queman muy fácilmente.
- Se sirve la ensalada acompañada de unas hojas grandes de lechuga romana, que sirven para comer la ensalada como si fuera un sándwich, utilizando la lechuga en vez de pan.
- Se prepara un aliño mezclando en un bol el aceite de oliva, las guindillas machacadas, el diente de ajo muy picado, el vinagre de arroz, la salsa de soja y un pellizco de tamari.
- Se bate bien antes de aliñar la ensalada. Hay que tener en cuenta que cuanto más tiempo lleve hecha la vinagreta, más picante se volverá.

ENSALADA DE SARDINAS MARINADAS

€

INGREDIENTES

8 sardinas frescas
3 cebolletas
1 pepino
1 pimiento verde
½ pimiento rojo
8 tomates cherry
unas hojas de albahaca frescas
unos bastones de cebollino fresco

Para la vinagreta de tomate y albahaca:

2 tomates para ensalada
⅓ de vaso de vinagre de jerez
albahaca
1 vaso de aceite de oliva virgen extra
sal

- Se compran sardinas bien frescas limpias y fileteadas; hoy en día se pueden encontrar en muchas pescaderías de mercados y supermercados. Se introducen durante 12 horas en una mezcla de 2 vasos de agua con sal y 1 de vinagre. Después se escurren bien y se cubren con aceite de oliva, en el que se habrá sumergido la albahaca picada muy fina.
- Se cuecen las cebolletas limpias enteras durante 2 minutos en una cacerola con agua hirviendo y luego se dejan enfriar. Se cortan en medios aros muy finos.
- Los pimientos, previamente lavados, se cortan también en rodajas muy finas y sin semillas.
- Se pelan los tomates cherry con los dedos, tras hacerles un cortecito en forma de cruz en el extremo contrario al rabo y sumergirlos 1 minuto en agua hirviendo.
- El pepino se corta en tiras finas o se ralla por la parte gruesa del rallador, tras haberle quitado la piel y las semillas.
- Para hacer la vinagreta se rallan, por la parte gruesa del rallador, los tomates para ensalada y se mezclan con el aceite de oliva virgen extra, la albahaca picada y el vinagre de jerez, que se puede sustituir por limón.
- Se presentan las sardinas sobre las hortalizas, se aliña con vinagreta de tomate y albahaca y se decora con bastones de cebollino.

ENSALADA DE ESPINACAS CON HUEVO 5 MINUTOS

€

INGREDIENTES

1 bolsa de espinacas
1 taza de champiñones shitake
1 lata pequeña de maíz
4 huevos
4 lonchas de beicon
1 diente de ajo
8 rebanadas de pan
aceite de oliva virgen extra suave
aceite de nueces
vinagre de jerez

- Se lavan muy bien las hojas de espinaca rechazando los tallos gordos y se secan, a no ser que en la bolsa ponga que ya están lavadas y listas para consumir. Recomiendo comprar espinacas baby, que son más pequeñas y cuyos tallos son tiernos.
- Se fríe el beicon en una sartén sin nada hasta que esté crujiente; luego se pone sobre papel absorbente. Se corta en tiras finas a lo ancho.
- Aparte, se hierven los champiñones shitake cortados en láminas durante unos minutos para que queden duritos. Si no tenemos shitake podemos usar champiñones corrientes.
- Se escurre el líquido de la lata de maíz.
- Se corta el pan (mejor si es del día anterior) en rebanadas, se frotan con el diente de ajo y se fríen en aceite bien caliente. Se dejan sobre papel absorbente para eliminar la grasa. También pueden tostarse en un tostador.
- Se echan los huevos en una cacerola con agua hirviendo y se cuecen durante 5½ minutos, moviéndolos de vez en cuando para que la yema quede en el centro del huevo. Se sacan y se enfrían bajo el chorro de agua fría para poder pelarlos.
- Se mezclan las espinacas con el maíz y los shitake, y se aliñan con una vinagreta a base de vinagre de jerez, el aceite de oliva suave y el aceite de nueces, a partes iguales, y una pizca de sal y de pimienta negra recién molida. Esta vinagreta se puede calentar un poquito.
- Se sirve en platos individuales formando un lecho con la mezcla de espinacas y el beicon y el huevo cocido. La yema debe estar blanda y derramarse al partir el huevo. A un lado se servirán las rebanadas de pan de ajo.

ENSALADA DE PASTA CON ATÚN

€

INGREDIENTES

200 g de pasta (macarrones, espirales, mariposas…)
2 latas de atún en aceite de oliva
½ pimiento rojo o amarillo
2 tomates
1 vaso de aceitunas negras sin hueso
2 cebolletas
1 lata de maíz
unas hojas de menta fresca
aceite de oliva virgen extra
vinagre de jerez
sal

Cuando compremos atún de lata es importante que busquemos en ésta el simbolito que asegura que se pesca de manera responsable sin matar delfines.

- En una olla grande se pone agua a hervir y se tapa (para acelerar la ebullición). Cuando hierva a borbotones se echa la sal y se incorpora la pasta. Se cuece destapada los minutos que estipule el fabricante en el envase. Se saca la olla del fuego y se escurre la pasta con un colador grande, bajo el chorro de agua fría, para que no siga cociéndose. Se reserva.
- Se lavan y se trocean los tomates en dados pequeños. Lo mismo se hace con el pimiento, desechando las semillas, y con las cebolletas. En un bol grande o donde se vaya a servir la pasta se prepara una vinagreta con ⅓ de vinagre y ⅔ de aceite, sal y pimienta negra recién molida, y se incorporan el tomate, el pimiento y las cebolletas picadas.
- Se cortan las aceitunas en rodajitas y se agregan a la mezcla anterior junto con el maíz escurrido. Por último se añade la pasta y se mezclan muy bien todos los ingredientes.
- Se echa el atún desmenuzado por encima y se espolvorea con hojas de menta picadas, dejando algunas enteras para adornar.

ENSALADA DE GAMBAS, MELÓN Y MENTA

€€

INGREDIENTES

1 melón cantaloupe
½ melón
½ kg de gambas

Para el aliño de curry cremoso:
1 taza de nata líquida para cocinar espesa
½ cucharadita de curry en polvo
5 hojas de menta
sal

Esta ensalada es perfecta para verano porque es la temporada de los melones y porque es fresquita. Queda preciosa y resulta especial la mezcla dulce del melón con la intensidad de las gambas y el curry.

- Se compra un melón cantaloupe (melones pequeños, anaranjados y muy perfumados que pueden sustituirse por una papaya) y un melón normal. Se parten por la mitad, se les quitan las semillas, se cortan en rodajas finas y después se les dan formas bonitas. Para ello puede usarse un cortapastas (unos aritos que se compran incluso en las ferreterías y que sirven para dar formas a las galletas) o bien un sacabocados para formar bolitas.
- Se retiran las cabezas de las gambas (frescas o congeladas), se pelan las colas y se sumergen en agua hirviendo con sal 1 o 2 minutos, hasta que estén opacas. Se escurren y se dejan enfriar.
- Para el aliño de curry cremoso se cortan las hojas de menta en tiras muy finas y se mezclan todos los ingredientes con cuidado, sin batir. Se mete en la nevera durante 15 o 30 minutos. Se saca, se remueve un poco y ya se puede servir.
- Se puede preparar una bonita presentación con las gambas, el melón y unas hojas de menta sobre un aliño de curry cremoso.

ENSALADA DE CHIPS DE VERDURAS

€€

INGREDIENTES

- 1 patata grande
- 1 trozo de yuca de ½ kg
- 1 plátano macho (verde, para cocinar)
- 2 alcachofas
- 1 boniato
- 1 remolacha
- 2 zanahorias
- 4 manojos de hojas de ensalada variada
- aceite de girasol para freír
- 1 l aceite de oliva virgen extra
- vinagre de Módena

- Se pelan bien todas las verduras y se cortan en láminas muy finas con un pelador de patatas, que se encuentra fácilmente en el mercado y es muy barato (además de para pelar patatas sirve para cortar calabacines y zanahorias longitudinalmente, obteniendo unas tiras muy finas).
- Las patatas se pueden cortar como si fueran patatas paja. La remolacha debe comprarse cruda, no cocida. Si queremos aprender a pelar bien una alcachofa (¡fresca, no en conserva!) lo mejor es que le pidamos al frutero que limpie una delante de nosotros. No es difícil pero tiene su intríngulis. Se trata de quitar todas las hojas duras y dejar sólo el corazón, que es más tierno.
- Se pone abundante aceite de girasol en una sartén y cuando esté bien caliente se fríen los vegetales por tandas (si no se hace por tandas, al igual que en el caso de las patatas fritas, se enfría el aceite y se quedan como si estuvieran cocidos). Se sacan con una espumadera y se ponen a escurrir sobre papel de cocina absorbente.
- Se limpian las hojas de ensalada, se secan y se aliñan con aceite de oliva, vinagre de Módena y sal.
- Se sirve en platos individuales formando una montaña con la ensalada y los chips de verduras, previamente salados, por encima, o de la misma manera en una fuente. Lo ideal es servirla caliente o templada.

ENSALADA DE FLORES

€€

INGREDIENTES

1 bolsa de flores variadas
Hojas verdes (rúcula, endibia roja, lechuga batavia, berro, cebollino, espinaca...)
4 huevos de codorniz
4 lonchas de beicon o panceta

Para la vinagreta silvestre:
1½ cucharada de vinagre balsámico
el jugo de ½ limón o lima
la ralladura de ½ limón o lima
½ diente de ajo majado o picado muy fino
1 chalota picada muy fina
sal y pimienta negra recién molida
½ taza de aceite de oliva virgen extra

Esta colorista ensalada es lo más parecido a dar un paseo por el bosque dentro de casa. Nos sorprenderá por su sabor y sobre todo por su belleza.

Para conseguir flores comestibles (tratadas sin pesticidas y de textura tierna) sólo tenemos que encargarlas al frutero. Si lo hacemos la víspera, él las comprará a primera hora de la mañana y nosotros las tendremos ese mismo día. No son caras; salen más o menos igual de precio que las bolsas de brotes verdes.

- Se fríe el beicon en su propia grasa hasta que esté un poco crujiente. Se retira de la sartén y se deja sobre papel absorbente.
- Mientras, se cuecen los huevos de codorniz en agua hirviendo durante 5 minutos removiéndolos para que la yema quede en medio.
- Se sirve en platos individuales formando una rosca con el beicon, de donde saldrán las ramas de cebollino, de rúcula, de endibia, etc., en trozos grandes como si fueran hojas de árbol. A un lado se pone el huevo cocido de codorniz, pelado y cortado en dos. Se disponen las flores mezclando colores y formas.
- Se riega con una vinagreta silvestre que se hace mezclando bien todos los ingredientes que indicamos arriba y batiéndolos con un tenedor.

ENSALADA DE ALGAS Y PEPINO

€€

INGREDIENTES

2 pepinos grandes

algas variadas

Para la vinagreta de jengibre:

1 trozo (del tamaño de una nuez) de jengibre fresco

2 cucharadas de vinagre de arroz

1 cucharada de aceite de nueces, sésamo o girasol

3 cucharadas de salsa de soja ligera

unos bastoncitos de cebollino

Las algas se pueden encontrar en bolsas en grandes superficies, herbolarios y tiendas orientales. Hay de muchos tipos y gran parte de ellas proceden de Asturias y Galicia. Las que vienen deshidratadas hay que sumergirlas en agua durante 15 minutos aproximadamente para que se hidraten y adquieran tersura, mientras que las que están en conserva se usan directamente para cocinar. Debemos ir probando y ensayando hasta saber cuáles son las que más nos gustan, aunque las más corrientes para hacer ensaladas son los espaguetis de mar, que habitualmente se pueden comprar en conserva. En algunos envases de algas incluso se puede leer «ensalada de mar».

- En un bol se mezclan las algas; las que son de hoja más grande cortadas en tiras pequeñas.
- Los pepinos se lavan, se pelan o no según el gusto de cada uno, y se cortan en tiras muy finas (juliana) o en rodajas también muy finas. Para que pierdan el amargor se salan y se dejan reposar ½ hora para que suelten el agua. Luego se lavan con agua fría y se secan.
- Se mezclan con las algas y se aliñan con una vinagreta de jengibre.
- Para hacer la vinagreta se ralla el jengibre y se corta el cebollino en rodajitas muy finas, y se mezclan con el resto de los ingredientes indicados para esta salsa.

ENSALADA DE TOMATES VARIADOS

€

INGREDIENTES

1½ kg de tomates variados
aceite de oliva virgen extra
vinagre balsámico
hojas de albahaca fresca
orégano seco
sal
pimienta negra recién molida

Se deben comprar en el mercado o gran superficie tomates que tengan muy buen aspecto. Esto no significa que vengan embalados en preciosas cestitas, sino que huelan bien, que tengan la piel tersa, que no estén blandos y que luzcan un bonito color natural (algunos muestran un rojo technicolor sospechoso...). Se compran las variedades que nos apetezcan y que se complementen en formas y colores: tomates pera, tomates verdes, raff, cherry amarillos y rojos...

- Si se desea una textura más suave, se pueden pelar los tomates haciéndoles un corte en forma de cruz en el extremo opuesto al del rabo y sumergiéndolos en agua hirviendo durante 1 o 2 minutos; la piel saldrá casi sola.
- Se pueden cortar, habiéndolos lavado antes muy bien, en distintas formas: rodajas más y menos gruesas, por la mitad, dejando entero algún tomatito cherry de los más pequeños...
- Se sirven en una fuente y se espolvorean con sal marina, orégano y pimienta negra recién molida. Se añaden las hojas de albahaca enteras y se riega todo con aceite de oliva virgen extra y vinagre balsámico.
- Si nos gusta el ajo crudo, se puede añadir 1 diente de ajo muy picadito y mezclarlo muy bien, o frotar la fuente con ajo, pues en crudo su sabor es muy fuerte y de esta manera la ensalada tendrá solamente un ligero aroma.

Legumbres

Las legumbres son imprescindibles para una alimentación saludable. Hace unos años en todas las familias españolas se solía comer legumbres a mediodía todos los días: lentejas, judías, garbanzos... Después, parece que dejaron de estar de moda —posiblemente por la obsesión por adelgazar— y ahora vuelven los médicos y nutricionistas a recomendarlas. De hecho, las legumbres no engordan. En un cocido, por ejemplo, lo que engorda es el chorizo y el tocino, pues los garbanzos son pura fibra y proteína, y además protegen contra el colesterol. Uno de los productos base de la dieta mediterránea son las legumbres.

En la Biblia ya se habla de las legumbres y de lo buenas que son para la salud. En las primeras páginas del Antiguo Testamento leemos que Esaú vende los derechos de hijo mayor a su hermano Jacob a cambio de un plato de lentejas. En el Libro de Daniel, también del Antiguo Testamento, se relata que Nabucodonosor, rey de Babilonia, capturó a cuatro jóvenes de la tribu de Judá, y que éstos se alimentaron sólo de legumbres y agua durante diez días. «Pasados los diez días, su aspecto era más sano y más fuerte que el de todos los jóvenes que comían la comida del rey.»

Posiblemente, las legumbres no estén lo suficientemente valoradas por esnobismo y falta de criterio; o porque son baratas, quizá; o por ignorancia o porque, debido a la falta de imaginación, sólo estamos acostumbrados a comerlas en cocidos y potajes que llenan mucho. Aquí presento algunos ejemplos de recetas con legumbres que no resultan pesadas ni grasas, sino, hablando en términos de nutrición, perfectas.

Las legumbres pueden conservarse durante años en un sitio fresco y seco. Son alimentos que nunca deben faltar en nuestra despensa.

Si se cuecen a fuego demasiado vivo se despellejan y se deshacen, por ello siempre hay que cocinarlas a fuego lento. Por la misma razón no conviene removerlas con una cuchara, sino moviendo la cazuela por las asas.

Las legumbres se cocinan mejor a fuego lento en una cacerola de hierro fundido o barro, pero también quedan muy bien en la olla exprés, también a fuego lento, pues con ésta se ahorra mucho tiempo.

Siempre hay que ponerlas en remojo la víspera, unas 12 horas (aunque para algunas legumbres, como las fabes, con 4 horas bastará). Esto no debería ser ningún problema, pues sólo hay que decidir la noche antes que vamos a cocinar legumbres al día siguiente. Actualmente se venden lentejas de cocción rápida, que no requieren estar en remojo y se cocinan en 20 minutos. Hay que calcular de 70 a 100 g de legumbres secas por persona.

Cuando se ponen en remojo, siempre en agua fría o templada con sal, hay que desechar las que floten. Excepto en el caso de los garbanzos, deben cocerse también en agua fría desde el principio.

En muchos países se condimentan con comino, tomillo, estragón, salvia, perifollo, eneldo, cilantro, etc., para que resulten más digestivas.

Se llama «asustar» a echar un chorrito de agua fría sobre las judías cuando empiezan a hervir; de esta manera quedan más suaves. Se pueden asustar unas 3 veces.

Si un caldo de legumbres queda demasiado líquido y queremos espesarlo, lo mejor es coger 1 cucharón de legumbres, triturarlas y volver a añadirlas al caldo.

Las legumbres están más buenas cocinadas de un día para otro.

FABADA ASTURIANA

(Para 6 personas)

€ € €

INGREDIENTES

½ kg de fabes (judías grandes asturianas)
2 morcillas asturianas
2 chorizos asturianos
100 g de tocino entreverado
½ vaso grande de aceite
1 cebolla
2 dientes de ajo
unas hebras de azafrán
1 cucharadita de pimentón
sal

Para hacer una fabada de verdad es necesario comprar ingredientes de calidad; y en el caso de las fabes, las morcillas y los chorizos, deben ser asturianos, pues son completamente distintos a los de otros lugares. Se encuentran en mercados y grandes superficies. No son baratos.

- Se ponen las fabes en remojo en agua fría durante 3 horas y se escurren.
- Se ponen al fuego en una olla cubiertas de agua fría y cuando rompen a hervir se tira toda el agua (colándolas o sujetando la tapa de la cacerola) y se meten en otra olla con agua fría que se tendrá preparada. No hay que poner demasiada agua, sólo la suficiente para cubrirlo todo. Este proceso aparentemente absurdo tiene una finalidad muy importante: que la fabada no produzca gases.
- Se añade la cebolla cortada en cuatro partes, los dientes de ajo pelados y enteros, el aceite y el pimentón. Se remueve y se añaden los embutidos excepto las morcillas. Se tapa y se deja cocer a fuego lento durante 2 o 3 horas según lo tiernas que sean las fabes. Las morcillas se echan cuando falte ½ hora para finalizar la cocción.
- En el último momento se prueba, se sala y se añaden las hebras de azafrán machacadas en un mortero con un poquito de caldo de la fabada.
- Si se quiere espesar el caldo, se le puede añadir un puré, que habremos hecho triturando 1 taza de fabes.
- Es mejor preparar la fabada la víspera, pues está mucho más buena recalentada. Esta receta lleva su tiempo, pero no es difícil. La fabada se toma como plato único.

ARROZ CONGRÍ (FRIJOLES NEGROS CON ARROZ BLANCO)

(Para 6 personas)

€

INGREDIENTES

½ kg de frijoles (alubias) negros
2 lonchas de panceta
1 cebolla
6 dientes de ajo
1 pimiento verde
1 cucharadita de pimentón picante
1 cucharada de orégano seco
pimienta recién molida
4 cucharadas de aceite de oliva virgen
300 g de arroz blanco

Este plato cubano es muy socorrido, pues siempre deberíamos tener en la despensa arroz blanco y frijoles.

Los frijoles son alubias negras. Las hay de muchos tipos y de distintos precios, desde las alubias negras de Tolosa hasta los frijoles comunes que encontramos en cualquier supermercado.

- La víspera se ponen los frijoles en remojo. En el momento de preparar este plato se escurren y se ponen en una cacerola cubiertos de agua con sal. Se añade el pimentón y se cuecen durante 1 hora hasta que estén tiernos (en una olla exprés bastará con 20 minutos, a fuego lento, desde que empieza a soltar vapor).
- Aparte, se pican muy finos la cebolla, los ajos y el pimiento, previamente lavado. Se sofríen a fuego lento en el aceite hasta que se doren.
- Se vierte el sofrito en los frijoles y se añaden el orégano y un poco de pimienta.
- Se corta la panceta en tiras a lo ancho, se sofríe en su propia grasa y se añade al guiso.
- Se prepara un arroz blanco, que se servirá en otra fuente para acompañar (ver p. 147).

GARBANZOS CON ARROZ

€

INGREDIENTES

1 vaso grande de garbanzos
½ vaso grande de arroz
1 patata grande o 2 medianas
4 dientes de ajo
1 cebolla
unas hebras de azafrán
aceite de oliva
2 vasos grandes de agua
1 hoja de laurel
sal
pimienta negra o blanca

Esta receta, muy buena y barata, era muy frecuente en la cocina de la posguerra española, pues deja muy satisfecho sobre todo en invierno, cuando hace mucho frío. La gente mayor que comió este plato en esas épocas sigue adorándolo hoy en día. Esta receta es parecida a la que salía en el «Manual de cocina de la Sección Femenina» de aquellos tiempos.

Como los garbanzos tardan mucho en cocerse, es mejor utilizar siempre la olla exprés. Si no, se deben tener 2 horas o más en el fuego, y el gasto de energía encarece un plato que de por sí es muy barato.

- La víspera se ponen los garbanzos en remojo con agua caliente.
- En una olla exprés se vierten el agua con la hoja de laurel y un chorrito de aceite. Cuando rompe a hervir se echan los garbanzos y se cierra la olla; deben cocer 13 minutos desde que empieza a salir el vapor, a fuego lento. Se abre y se añaden las patatas en trozos pequeños.
- En una sartén se fríe la cebolla muy picada y los ajos. Cuando los ajos estén fritos, se sacan y se machacan en el mortero con el azafrán. A continuación se echan, junto con la cebolla y el aceite, sobre los garbanzos con patatas. Se salpimenta y se deja cocer destapado durante 5 minutos.
- Luego se añade el arroz y se deja hervir destapado 15 minutos más.
- Se retira del fuego y se deja reposar 5 minutos.
- Se sirve en plato llano y se come con tenedor (no con cuchara).

POTAJE DE GARBANZOS CON ESPINACAS Y BACALAO

(Para 6 personas)

€€

INGREDIENTES

½ kg de garbanzos
1 kg de espinacas (congeladas o frescas)
200 g de bacalao
2 cebollas pequeñas
½ cabeza de ajo pequeña
1 hoja de laurel
1 diente de ajo
1 cucharadita de pimentón
1 cucharada de perejil fresco
6 cucharadas de aceite
sal

- La víspera se ponen los garbanzos en remojo con agua caliente (al contrario que el resto de las legumbres que se ponen en agua fría) y sal.
- Se desala el bacalao poniéndolo en remojo, también la víspera, en agua fría, y cambiando el agua 3 o 4 veces y lavando el recipiente para quitar la sal que pueda quedarse en el fondo.
- Se lavan los garbanzos y se ponen en la olla exprés con agua caliente pero no hirviendo, junto con ½ cabeza de ajos entera y sin pelar, el laurel y una de las cebollas pelada y entera. Se cierra y se cocina unos 20 minutos más o menos desde que empieza a salir el vapor, dependiendo de lo rápida que sea la olla (ver las instrucciones).
- Se destapa la olla cuando el indicador señale que se puede abrir, se incorpora el bacalao desmigado y se deja cocer sin tapar durante 20 minutos. Se echan las espinacas y se cuece todo 5 minutos más.
- Mientras, en una sartén con el aceite se sofríe la cebolla muy picada sin que llegue a dorarse, unos 8 minutos, se añade la harina y se sofríe también sin dejar de remover. A continuación se echa el pimentón y se le da unas vueltas para que no se queme. Se aparta la sartén del fuego y se pasa el sofrito por un chino o un pasapurés de modo que caiga directamente en la olla.
- Se pone en un mortero el diente de ajo, el perejil y un poco de sal (para que no resbale) y se machaca muy bien. Se añade un poco del caldo de la olla y después se echa todo en el potaje. Se mezcla bien y se deja cocer 12 minutos más o menos.
- Se sirve en platos soperos y se puede decorar con trozos de huevo duro.

LENTEJAS CON CODORNIZ EN ENSALADA

€€

INGREDIENTES

½ kg de lentejas
2 cebollas rojas medianas
2 tomates grandes de ensalada
1 pimiento rojo
1 lata de codornices en escabeche
aceite de oliva virgen extra
vinagre balsámico
sal
pimienta negra recién molida

Esta receta se puede preparar con cualquier conserva: ventresca de atún, atún, confit de pato, etc.

- La víspera se ponen en remojo las lentejas (si son de cocción rápida no es necesario). Se cuecen en agua con sal durante 20 minutos hasta que estén hechas pero no demasiado blandas; deben quedar enteras. Se escurren con un colador grande y se reservan.
- Mientras se cuecen las lentejas se cortan las cebollas en aros lo más finos posible. Se pelan los tomates haciéndoles un corte en forma de cruz y sumergiéndolos en agua hirviendo durante 2 minutos. Se enfrían bajo el chorro de agua fría y se cortan en dados pequeños. El pimiento se despepita y se corta también en dados pequeños.
- Se abre una lata de codornices en escabeche y se calientan si están demasiado frías unos minutos en un cazo. Se deshilacha la codorniz, dejando los muslitos enteros.
- En un bol se mezclan las cebollas, el pimiento, los tomates y las lentejas. Se aliñan con una pizca de sal y de pimienta negra recién molida, y una mezcla compuesta de ⅔ de aceite de oliva virgen extra y ⅓ de vinagre. Se añaden las codornices y se sirve a temperatura ambiente.

ESTOFADO DE SOJA Y TOFU

€€

INGREDIENTES

½ kg de alubias de soja secas
½ kg de tofu durito
1 cebolla
1 hoja de laurel
1 zanahoria
4 cucharadas de aceite de oliva
1 cucharada de perejil fresco
sal

Las alubias de soja ya se encuentran en las grandes superficies y mercados, y desde luego, en los herbolarios. Tienen forma de bolitas de color verde.

El tofu tiene aspecto de queso blanco fresco y está hecho de soja. Se utiliza muchísimo en la cocina china y japonesa. También se encuentra en herbolarios y tiendas orientales.

- La víspera se ponen las alubias de soja a remojar en agua fría.
- Cuando se vaya a hacer el guiso se echan en una olla cubiertas de agua fría y se cuecen a fuego fuerte. Cuando el agua hierve a borbotones, se tira y se vuelven a cubrir las alubias con agua fría; se añaden la cebolla pelada entera, la zanahoria raspada, 2 cucharadas de aceite, el laurel y sal. Deberán cocer aproximadamente 1½ hora a fuego lento y habrá que ir probándolas hasta que estén tiernas. Si se preparan en una olla exprés, se dejan cocer a fuego lento durante unos 20 minutos, más o menos, dependiendo de la rapidez de la olla, y a contar desde que empiece a salir el vapor.
- Aparte se corta el tofu en dados de 1 cm más o menos, y se pone en un bol con el aceite de oliva restante y el perejil picado.
- Cuando las alubias de soja estén hechas, se retiran la cebolla, la zanahoria y el laurel, y se sirven mezclándolas en platos soperos con los dados de tofu, más o menos caldosas dependiendo del gusto de cada uno.

JUDÍAS PINTAS CON ACEITE DE OLIVA Y LIMÓN

€

INGREDIENTES

1½ vaso (300 g más o menos) de judías pintas extra
2 dientes de ajo
1 tomate
1 ramita de salvia fresca

Para la vinagreta:
5 cucharadas de aceite de oliva virgen
2 cucharadas de zumo de limón
sal
pimienta negra recién molida

Esta manera de cocinar las judías pintas es muy ligera. Perfecta para comer cuando después tenemos que volver a trabajar, pues no nos sentiremos demasiado llenos.

- La víspera se ponen en remojo las judías y se enjuagan al día siguiente.
- En una olla se meten las judías, los ajos pelados, el tomate y la salvia, y se cubre todo con agua fría. Cuando el agua empiece a hervir se tapa la olla y se deja cocer a fuego lento durante 1½ horas, o hasta que las judías estén tiernas. Si las preparamos en la olla exprés bastará con 20 minutos, bajando el fuego desde que empiece a salir el vapor.
- Cuando estén hechas se retiran la salvia, el tomate y el ajo, y se aderezan las judías con una vinagreta, que prepararemos mezclando bien el aceite de oliva virgen extra con el de zumo de limón, la sal y la pimienta negra recién molida.
- Estas judías se pueden tomar calientes, frías o como acompañamiento de carnes o verduras.

COCIDO

(Para 6 personas)

€€

INGREDIENTES

1½ vasos grandes de garbanzos (300 g más o menos)
1 kg de repollo
½ kg de zanahorias
6 patatas medianas
½ kg de carne de morcillo
1 pechuga de gallina
1 chorizo
1 morcilla de arroz
1 hueso de codillo
6 huesos de caña (con tuétano)
150 g de tocino veteado salado
sal
2 cucharadas de aceite
2 dientes de ajo
1 vaso de fideos cabellín

- La víspera se ponen los garbanzos en remojo con agua caliente y sal. Si se prepara en una olla normal deberá cocer 3½ horas. Aquí explico la receta para hacerlo en la olla exprés, para ahorrar tiempo y dinero.
- En la olla exprés se introducen la carne entera, los huesos y el tocino también entero. Se cubre con agua y cuando empieza a hervir se añaden los garbanzos escurridos (pueden meterse dentro de una malla) y la gallina. Se tapa la olla y se deja cocer a fuego lento unos 15 minutos desde que sale el vapor.
- Se retira del fuego y cuando el piloto de la olla indique que se puede abrir, se añade el chorizo.
- En el accesorio de rejilla que traen todas las ollas a presión se ponen las zanahorias y las patatas peladas, lavadas y enteras. Se sala. Se tapa la olla y se deja cocer a fuego lento unos 10 minutos más desde que empieza a salir el vapor.
- Mientras, se cuece aparte el repollo lavado y cortado en tiras. Se escurre y se fríe con el aceite y los ajos previamente dorados.
- La morcilla se debe cocer aparte porque si no todo el cocido sabrá a morcilla. También puede freírse en rodajas.
- Se saca el suficiente caldo para hacer una sopa de fideos cabellín (los más finos).
- Se sirve la sopa en una sopera y en una fuente los garbanzos con la verdura, y en otra, las carnes troceadas, los huesos, la morcilla y el chorizo cortados en trozos.

LENTEJAS INDIAS VEGETARIANAS

€

INGREDIENTES

- 2 vasos grandes (½ kg) de lentejas indias rojas o amarillas
- 1 puerro
- 2 zanahorias
- 1 calabacín pequeño
- 1 pimiento rojo
- 1 cebolla roja
- 2 limones
- ½ cucharadita de comino molido
- 1 l de caldo de verduras
- sal
- pimienta
- 2 cucharadas de aceite de oliva

- Se cortan los vegetales bien lavados en dados pequeños o en rodajitas. El calabacín y la zanahoria quedan muy bien en tiras hechas con el pelapatatas, cortándolos longitudinalmente.
- Se rehogan los vegetales durante 3 minutos en una olla con el aceite de oliva, el comino y la ralladura de 1 limón (la cáscara debe estar bien lavada y se ralla evitando llegar a la parte no amarilla, que es muy amarga).
- Se agregan las lentejas (que no necesitan ponerse a remojo pues son muy tiernas) y el caldo de verduras más ½ l de agua fría. Cuando el caldo rompe a hervir se deja cocer 15 minutos más o menos a fuego lento, hasta que las lentejas estén cocidas.
- Si han quedado demasiado líquidas se hace un puré con un cucharón de lentejas y se añade al caldo.
- Se salpimenta y se añade el zumo de 1 limón. Se puede espolvorear con perejil o cilantro fresco.

POCHAS

€

INGREDIENTES

½ kg de alubias pochas (no secas)
1½ l de agua
1 tomate bastante maduro
¼ de pimiento verde
1 trozo de tocino (70 g)
1 trozo de chorizo
aceite de oliva virgen extra
sal

Las alubias pochas, al no estar secas, no necesitan ponerse a remojar ni precisan un tiempo tan largo de cocción. Desafortunadamente no son fáciles de encontrar frescas en todas partes, pues los agricultores suelen congelarlas y casi siempre se comercializan envasadas, que también están muy buenas. Si tenemos suerte podemos encontrarlas frescas con vaina en otoño.

- Las pochas se ponen en una olla cubiertas de agua junto con el tomate en trozos, el pimiento, el tocino y el chorizo. Se añade un chorro de aceite de oliva virgen extra, un poco de sal, y se pone a fuego fuerte.
- Cuando rompe a hervir se desespuma (se quita con un cucharón la espuma que pueda haber en la superficie) y se baja el fuego para que cuezan lentamente durante 40 minutos más o menos (depende del tamaño y del tipo de pocha; lo mejor es probarlas).
- El caldo habrá reducido y debería quedar algo espeso, ligado. Si estuviera demasiado líquido, se tritura un cucharón de pochas hasta hacerlo puré y se añade al caldo para que engorde.
- Se pueden triturar los trozos de tomate antes de añadirlos a las pochas para dar color al plato.

CALDO GALLEGO

(Para 6 personas)

€ €

INGREDIENTES

½ vaso grande de judías blancas (125 g más o menos)
1 hueso de lacón con un poco de carne
1 hueso de rodilla de vaca
3 patatas grandes
½ kg de carne de morcillo o similar
300 g de grelos (o de repollo)
sal
aceite de oliva virgen

Los grelos se encuentran en los mercados cuando es temporada —noviembre y diciembre—. Se puede preparar también con repollo cortado en tiras.

- Se ponen a remojar en agua fría las judías 3 horas antes como mínimo.
- En una olla exprés destapada se ponen unos 4 l de agua fría y se añade la carne, el lacón y el hueso de rodilla con un poco de aceite. Se cuece a fuego medio durante ½ hora.
- Mientras, se ponen las judías en una cazuela a cocer, cubiertas de agua, y cuando ésta rompe a hervir se tira y se vuelve a echar agua fría (la cantidad justa para cubrir las judías). Se cuecen durante ½ hora y se agregan, con su caldo, en la olla de la carne.
- Se tapa la olla exprés y se cuecen durante 12 minutos más o menos a fuego lento (depende de las instrucciones de la olla exprés) desde que empieza a salir el vapor.
- Se abre la olla cuando lo indique el piloto y se añaden las patatas peladas, lavadas y cortadas en cuadraditos. Se cuece sin tapar durante 15 minutos más y se sala.
- Se añaden los grelos bien lavados, sin los tallos y previamente picados. Se deja cocer 5 minutos más con la olla tapada.
- Se rectifica de sal, se retiran los huesos y se corta la carne en trozos pequeños que se puedan comer con cuchara.
- Se sirve bien caliente.

FABES CON ALMEJAS

(Para 6 personas)

€€

INGREDIENTES

½ kg de fabes
400 g de almejas (o chirlas)
1 cebolla
1 diente de ajo
3 cucharadas de pan rallado
unas hebras de azafrán
1 hoja de laurel
unas ramitas de perejil fresco
3 cucharadas de aceite de oliva
sal

- Las almejas son mejores que las chirlas pero también más caras. Se ponen en un bol con agua fría con sal y se reservan.
- Se ponen las fabes a remojar la víspera, en agua fría.
- Se echan en una cacerola con agua y cuando empieza a hervir se tira el líquido y se vuelven a poner en una olla con agua fría, justo para cubrirlas y un poco más, con la cebolla cortada en dos trozos, el diente de ajo y el resto de los ingredientes. Se deja cociendo a fuego lento durante 1½ horas tapadas, moviéndolas de vez en cuando, sujetando y meneando la cazuela por las asas para que no se despellejen. Si necesitan agua, se añade, pero siempre fría.
- En un mortero se echan unas hebras de azafrán y se deslíen echando un poquito del caldo de las fabes. Se agrega a la olla junto con el pan rallado. Se cuece a fuego lento durante ½ hora más.
- Mientras, se ponen las almejas escurridas en una sartén con ½ vaso de agua. Se tapan y se saltean (se mueve la sartén asiéndola por el mango). En unos minutos se habrán abierto. Entonces se sacan y se cuela el caldo de las almejas a través de un colador con un trozo de gasa para que no pase la arenilla. Cuando sólo queden unos 15 minutos de cocción de las fabes, se añaden las almejas con su caldo. Se pueden añadir con concha, con la media concha que tiene la carne o sin conchas.

ESCUDELLA I CARN D'OLLA

€€€

INGREDIENTES

½ kg de jarrete de ternera
½ gallina o pollo
1 hueso de jamón
1 trozo de jamón
1 morro y 1 oreja de cerdo
1 butifarra blanca y 1 negra
1 chirivía
½ col
1 hueso de rodilla de ternera
1 chorizo
2 zanahorias
3 patatas grandes
3 ramitas de apio
1 nabo
100 g de garbanzos

Para la pelota:
100 g de magro de cerdo
100 g de panceta
1 huevo
1 diente de ajo
2 cucharadas soperas de pan rallado
3 cucharaditas de perejil
canela en polvo
2 cucharadas de harina
sal y pimienta

Es el plato más antiguo de la cocina catalana y se considera plato único porque con el caldo se hace una sopa de primero y de segundo se comen las verduras y la carne. Es típico tomarlo el día de Navidad.

- Se ponen en remojo los garbanzos la víspera. Se lavan todas las verduras y se reservan, así como la carne, los huesos, etc.
- En una gran olla se ponen a hervir la carne, la gallina, los huesos, el jamón, el morro y la oreja. Cuando hiervan se quita la espuma que pueda haber en la superficie y se añaden los garbanzos metidos en una malla para luego poderlos sacar y servir más fácilmente. Se deja hervir a fuego lento durante 1½ horas.
- Mientras, se prepara la pelota. Se tritura la carne y se amasa en un bol con el perejil picado, un poco de sal y pimienta, el huevo batido, el ajo picado y el pan rallado. Se hace una pelota alargada y se pasa por la harina, para que quede más compacta.
- Transcurrida la hora y media, se añaden las verduras y la pelota y se deja hervir todo 30 minutos más. Por último se le añaden las butifarras y el chorizo. Se rectifica de sal y se cuece 30 minutos más.
- Terminada la cocción, se cuela el caldo, se pone al fuego y se prepara una sopa de fideos o arroz...

PUCHERO GITANO*

(Para 6 personas)

€€

INGREDIENTES

1 kg de acelgas
1 kg de habichuelas blancas
1 cebolla
2 tomates
2 kg de patatas
1 kg de bacalao desalado
1 cucharada de pimentón
1 vaso de aceite de oliva
1 cucharada de harina
sal

Para los rellenos:
pan casero duro
6-8 huevos
perejil
2 dientes de ajo
aceite de girasol

- Se ponen las habichuelas a cocer con agua fría. Cuando lleven cociendo 1 hora se les añaden las acelgas y el bacalao desalado, previamente lavado y enharinado. Se coloca el bacalao encima de las acelgas. Se deja cocer.
- Mientras, se prepara el sofrito. Se echa en una sartén con el aceite de oliva caliente la cebolla picada, el pimentón y la harina, y se sofríe. Una vez sofritos se añaden a la olla.
- Se preparan los rellenos. Se ralla la miga del pan duro y se añade el perejil cortado y los dientes de ajo picados muy pequeños. Se baten los huevos y se añaden al pan rallado sin dejar que se quede muy espeso. Una vez que tenemos la masa se hacen «bolicas» de la medida de una cuchara sopera y se fríen en aceite a fuego lento.
- Mientras se recuece, se pelan las patatas, se cortan en trocitos pequeños y se echan a la olla. En este momento se añaden los rellenos. Se sala. Se deja que cueza bien la patata y cuando esté todo ligado se retira del fuego.

* Receta extraída de la Fundación Secretariado Gitano.

EMPEDRAT DE MONGETES I BACALLÀ

€€

INGREDIENTES

280 g de alubias blancas secas
200 g de bacalao desalado
2 tomates rojos, que no estén muy maduros
1 cebolleta
1 naranja (para decorar)
vinagreta

Ésta es una receta de primavera y verano, donde los ingredientes principales son las alubias y el bacalao, ambos de gran tradición gastronómica en Cataluña. Es un plato fresco, económico y fácil de preparar.

- Se ponen a remojar las alubias en agua fría, la víspera. Se echan en una olla con agua fría y se ponen al fuego. Cuando empiecen a hervir se les cambia el agua. De esta manera las alubias quedan enteras y no se deshacen. Una vez cocidas se escurren y se dejan enfriar.
- Se desmiga el bacalao.
- Se cortan los tomates en dados pequeños y se pica la cebolleta.
- Se mezclan las alubias, el bacalao, la cebolleta y los tomates, y se aliña el conjunto con una vinagreta clásica: sal, pimienta, vinagre y aceite.
- Se puede decorar con unos gajos de naranja alrededor.

Verduras y hortalizas

En este bloque hablamos de las verduras y hortalizas que se comen cocinadas, pues las verduras crudas las hemos clasificado como ensaladas.

Como las legumbres, las verduras son sanas y contienen todos los principios nutritivos necesarios para una alimentación equilibrada: proteínas vegetales, vitaminas, minerales y fibra. Y lo que es mejor, no engordan porque están compuestas casi por completo de agua.

Al igual que ocurría con las ensaladas hace años, en España sólo estábamos acostumbrados, por lo general, a comer verduras rehogadas con un poco de ajo o simplemente hervidas. ¿Quién de niño no ha sufrido en el comedor del colegio las acelgas medio frías, las judías verdes con hebras...? Sin, embargo con un poco de imaginación se pueden preparar platos de verduras más sofisticados y deliciosos. Sirven para elaborar platos únicos, entrantes y guarniciones para carnes y pescados. Las verduras son bonitas y frescas, pero hay que saber prepararlas para que conserven sus vitaminas y resulten apetecibles y ricas.

Hay que tener en cuenta que las verduras van perdiendo poco a poco sus nutrientes a partir del momento en que son separadas de la mata. Por eso tenemos que fijarnos a la hora de comprarlas para elegirlas bien.

Las de hoja, si llevan poco tiempo cortadas tienen un color verde brillante y la piel tersa. Incluso vienen con gotitas de rocío. Si las raíces tienen tierra húmeda es que están frescas, porque si no la tierra se habría caído. Si tienen hojas secas o amarillas ya están viejas.

Las coles y las lechugas buenas son las que tienen las hojas apretadas. Tienen poco volumen pero pesan mucho. La coliflor debe ser blanca; cuanto más blanca, mejor.

Las raíces y los tubérculos deben estar duros cuando los presionamos con el dedo.

En el caso de las judías verdes, las habas y los guisantes deben tener las vainas tersas y, si intentamos doblarlas con los dedos, deben romperse. Si están lacias, los granos de dentro están amarillentos y saben mal.

En el caso de las cebollas y los bulbos, es importante que no estén húmedos porque por dentro pueden estar picados. Y al contrario, si al apretarlos con los dedos están muy secos, puede que dentro no haya nada, por lo que el dedo se hunde.

Como ocurre con todos los alimentos, es recomendable consumir verduras y hortalizas de la zona donde vivimos. O sea, que no hayan viajado mucho, que estén recién cortadas y que hayan madurado lo suficiente. Y es mejor consumirlas cuanto antes, ya que con el paso del tiempo y expuestas al aire van perdiendo el agua y su valor nutritivo.

Actualmente hay muchas cooperativas de agricultura biológica que sirven a domicilio verduras y hortalizas de temporada. Resulta cómodo y económico. Son verduras cultivadas sin pesticidas químicos, que tienen un ritmo de crecimiento normal y que han sido cultivadas en la naturaleza. Viví una semana dentro de los invernaderos de Roquetas de Mar con trabajadores subsaharianos y comprendo que la técnica de cultivos intensivos, hidropónicos (donde no hay tierra sino un extraño material con sensores donde se plantan las semillas, a través de los cuales, por ordenador, se detectan las necesidades de las plantas y se les administran «en vena» los componentes apropiados; la temperatura, la luz y la humedad están controladas electrónicamente dentro de plásticos y el ritmo de crecimiento de las plantas es tan rápido que parece de ciencia ficción) es muy rentable, aunque yo prefiero comer verduras españolas de las de toda la vida. Los calabacines, los tomates y las fresas que yo vi allí eran muy bonitos y perfectos, pero ni olían ni sabían como los que compro en el mercado o los que me trae mi cooperativa agrícola en una cesta todas las semanas.

En el caso de los pimientos, el agricultor cobra por 1 kg 30 céntimos de €, cuando su precio final son más de 3 €. Por eso muchos agricultores están buscando otras vías para vender sus productos; y para los consumidores es ideal porque les sirven las verduras a domicilio y son mucho mejores, ya que están más frescas que las otras.

Es importante conservarlas en la nevera porque con el aire pierden las vitaminas. Su lugar en el frigorífico es la parte de abajo, donde hace menos frío, y dentro del cajón especial para verduras. Las de hoja deben guardarse en bolsas cerradas, y las de raíz, en bolsas con agujeros.

A la hora de cocinarlas hay que tener en cuenta que algunas vitaminas y minerales quedan diluidos en el agua, por lo que resultan más sanas cocinadas al vapor o con el mínimo de agua posible. El agua de cocción no se debe tirar nunca, pues podemos aprovecharla como caldo de verduras. Se puede congelar en cubitos de hielo o en bolsas.

Las patatas deben conservarse en un cesto o caja con agujeros porque necesitan respirar, y protegidas de la luz y de la humedad. Pueden estar a temperatura ambiente en una despensa o se pueden meter en el cajón de la nevera destinado a la fruta; nunca debajo del fregadero al lado de productos de limpieza. Las patatas que tengan partes verdes deben rechazarse por su toxicidad.

ESPINACAS A LA CREMA

INGREDIENTES €

2 kg de espinacas

Para la bechamel:

2 cucharadas soperas de harina
25 g de mantequilla
2 vasos grandes de leche

Las espinacas a la crema, tanto como entrante como a modo de guarnición, son riquísimas y muy fáciles de preparar en cuanto se aprende a hacer salsa bechamel.

Si la salsa bechamel se nos resiste y queda con grumos, se puede arreglar triturándola con la batidora.

- Si no encontramos espinacas frescas de temporada, intentaremos comprar espinacas de bolsa ya cortadas y lavadas. Si no están ya limpias, hay que quitarles los tallos y lavarlas en varias aguas.
- Se ponen las espinacas en una cazuela y se cuecen durante 10 minutos con poca agua, dándoles de vez en cuando la vuelta con una cuchara de madera. Se escurren y se reservan. También se puede hacer con espinacas congeladas. Se introducen en el agua hirviendo con sal, sin necesidad de descongelarlas, y se cuecen el tiempo que estipule el fabricante en el envase. Se cuelan y se reservan.
- Aparte se prepara una bechamel (ver p. 25).
- Se incorporan las espinacas en tandas, mezclándolas muy bien con la bechamel. Se pueden pasar por la batidora para que quede una crema fina de un verde intenso, o dejarlas tal cual para que se noten más las hojas; es cuestión de gustos. Si se quieren tomar como crema líquida, se añadirá más leche a la bechamel. Si se prefiere más espesa (como acompañamiento), menos.

CHOP SUEY DE VERDURAS (SALTEADO CLÁSICO DE VERDURAS CHINO)

€€

INGREDIENTES

8 cebolletas frescos
1 diente de ajo
1 cucharada de jengibre fresco rallado
1 brécol
1 pimiento amarillo
125 g de col lombarda
200 g de brotes de soja
175 g de setas de sombrero ancho
8 mazorquitas de maíz
4 cucharadas de salsa de soja
3 cucharadas de aceite de sésamo
sal

- Se lavan bien y se cortan en juliana (tiras muy finas) las cebolletas, la col lombarda y el pimiento. El brécol se lava, se seca y se divide en arbolitos. Los champiñones se lavan, se secan y se cortan en láminas finas. Se reserva todo en distintos recipientes.
- El ajo se machaca con el mango de un cuchillo y se reserva junto con el jengibre rallado.
- En una sartén grande o wok (sartén china honda muy de moda) se echa el aceite de sésamo y se saltean las cebolletas con el ajo y el jengibre a fuego vivo durante 30 segundos.
- Se incorpora el brécol, el pimiento y la col lombarda, y se saltea (se mueve la sartén enérgicamente sujetándola por el asa) 1 o 2 minutos. Se echan las mazorquitas de maíz y los champiñones, y se deja en el fuego durante 1 o 2 minutos más. Entonces se añaden los brotes de soja y se dejan cocer 2 minutos. Hay que tener en cuenta que en la cocina china las verduras se hacen a fuego vivo para que queden al dente tirando a cruditas.
- A continuación se añade la salsa de soja y se remueve muy bien para que se mezcle.
- Se sirve inmediatamente. Se puede acompañar de arroz blanco, cocinado sin ajo ni laurel (ver p. 147).

MENESTRA DE VERDURAS

€

INGREDIENTES

200 g de zanahorias
200 g de judías verdes
¼ kg de alcachofas frescas
½ kg de guisantes frescos o de lata
2 nabos
1 cebolla pequeña
2 limones
4 cucharadas de aceite de oliva
1 cucharada de harina
agua
sal

Lo ideal es preparar la menestra con verduras de temporada. Si es época de guisantes frescos y no de judías verdes, pondremos sólo guisantes; y viceversa.

- Las vainas se limpian sacando por un lado los guisantes y por el otro la vaina, que no se desecha; a las judías verdes se les quitan los hilos laterales con un cuchillo o pelapatatas. Las alcachofas se limpian quitándoles el tallo, las hojas duras exteriores (muchas) y cortando las hojas que quedan a la mitad de su altura; además deben retirarse con una cucharilla los pelillos espinosos del fondo, y frotar cada trozo con un limón para que no ennegrezca. Se parten en 2 o 4 trozos.
- Se pica muy bien la cebolla (*brunoise*). En una cacerola se calienta el aceite y se añade la cebolla. Se pocha (cuece lentamente) dándole vueltas con una cuchara hasta que esté transparente. Se pueden echar unas hojas de lechuga en juliana (tiras finas) y rehogar. Se espolvorea con la harina y se remueve bien con una cuchara de madera. Se añaden las zanahorias peladas y cortadas en dados pequeños y se cubre con agua.
- Se cuece mientras se cortan las judías verdes y los nabos, también en dados. Se añaden a la menestra junto con los guisantes y se salan.
- La cocción debe continuar hasta que las verduras estén tiernas pero enteras; conviene remover de vez en cuando.
- Las alcachofas se cuecen aparte desde el principio para que estén tiernas, en agua con sal y el zumo de 1 limón, durante 15 o 20 minutos según su tamaño y frescura. Se añaden a la menestra.
- Se sirve bien caliente y caldosa, pero no demasiado.
- Se puede adornar con rodajas de huevo duro.

MENESTRA EN ENSALADA CON ACEITE DE JAMÓN*

€€

INGREDIENTES

1 patata grande
2 zanahorias
unos arbolitos de coliflor o brécol
un puñado de hojas de espinacas
1 calabacín pequeño
1 nabo
2 cebolletas
8 espárragos trigueros
un puñado de judías verdes
un puñado de tirabeques
4 ajetes tiernos
2 cucharadas de lentejas cocidas
2 cucharadas de maíz de lata
2 cucharadas de guisantes frescos o de lata
4 lonchas de jamón
unas hojas de albahaca fresca, menta fresca y perejil
cebollino (para decorar)
sal y pimienta

- Los espárragos se pelan con el pelapatatas o cuchillo y se elimina la parte superior del tallo para que no estén hilachosos y no sepan a madera. El nabo y la patata se pelan y se cortan en rodajas. Las zanahorias se cortan en tiras finas, longitudinalmente, con el pelapatatas, al igual que el calabacín, lavado pero con piel. A las judías verdes se les quitan las hebras laterales y el rabito. Los tirabeques, los ajetes y las espinacas se trocean en porciones medianas.
- Se cuecen los vegetales por separado de manera que estén al dente. Al sacarlos del agua se ponen bajo el chorro de agua fría para que no sigan cociéndose, y en el caso de los espárragos, el brécol y las judías verdes, para que no pierdan su color verde intenso.
- El jamón se corta en tiras finas a lo ancho, que se fríen a fuego lento en una sartén, en su propia grasa.
- Se forma una pirámide multicolor con las verduras, las legumbres y el jamón, y se aliña con una vinagreta de aceite de jamón (se pone en un cazo a fuego lento un poco de aceite con la grasa del jamón. Se cuela y se mezcla con vinagre de jerez, sal y pimienta). Se adorna con el cebollino y las hierbas aromáticas.
- Se sirve a temperatura ambiente.

* Versión de la «Gargouillou» de Michel Bras.

VERDURAS EN TEMPURA

€€

INGREDIENTES

1 calabacín
1 berenjena
1 cebolla
4 champiñones (u otras setas)
1 pimiento verde
2 zanahorias
1 nabo
1¾ vaso de harina de trigo
¾ vaso de harina de maíz
2 vasos de agua con gas helada (puede ser sin gas)
1 l de aceite de girasol

La tempura es un tipo de rebozado típico de la cocina japonesa que se aplica a verduras y también a langostinos.

- Se cortan todas las verduras en tiras no demasiado finas. Las setas se limpian y se les corta un poco del tallo. Y la cebolla y el nabo se cortan en rodajas finas pero no como papel de fumar. Deben estar cortadas finas para que en el poco tiempo que se fríen en la sartén el rebozado quede crujiente y les dé tiempo a cocerse y no quedar duras. Se reservan.
- En un bol se ponen las dos harinas y poco a poco se echa el agua mientras se remueve utilizando unas varillas o el mango de una cuchara. Debe quedar una pasta algo más espesa que la nata líquida. No importa si sale con grumitos; la tempura es así.
- Se echa el aceite en un wok (sartén china cónica y muy honda) o sartén de paredes altas y se pone a calentar a fuego muy fuerte. El aceite debe estar limpio, no sirve el que ya se ha usado antes.
- Se sumergen por tandas las verduras en la pasta de tempura, sacudiéndolas al sacarlas una a una para que no tengan demasiado rebozado, y se van echando inmediatamente en la sartén, también por tandas y removiendo para que no se achicharren.
- Se sacan con la espumadera cuando estén ligeramente doradas y se ponen sobre papel absorbente para retirar el exceso de grasa.
- Se sirven inmediatamente, acompañadas de salsa de tempura (se compra en tiendas orientales) o de una mezcla de soja y agua en un cuenco. Se sirven en el centro de la mesa y se comparten.

VERDURAS REHOGADAS

€

INGREDIENTES

- 1 kg de verduras de temporada (acelgas, judías verdes, espinacas, coliflor, coles de Bruselas, guisantes, repollo, lombarda, brécol, tirabeques...)
- 6 cucharadas de aceite de oliva
- 1 diente de ajo

- Se separan las hojas del tallo y se lavan antes de cortarlas, pues por los cortes perderían nutrientes al estar bajo el chorro de agua. Los tallos se limpian de hebras raspándolos de abajo arriba (como en el caso de las acelgas y el cardo). Las coles (coliflor y brécol) se lavan enteras o cortadas en arbolitos. A las judías verdes siempre hay que quitarles las hebras con un cuchillo o pelapatatas, porque resulta muy desagradable comerlas.
- Se pone una olla tapada con abundante agua y cuando hierve a borbotones se añade una cucharada de sal y se introduce la verdura; si no se introducen cuando el agua hierve a borbotones pierden su color. Si son verduras de color verde se cuecen a fuego fuerte con la olla destapada. Si son blancas, tapadas y a fuego medio para que no se deshagan.
- En cuanto estén cocidas, tiernas pero tersas, al dente, se sacan de la olla, se refrescan bajo el chorro de agua fría y se ponen rápidamente a escurrir en un escurridor (colador grande).
- Se calienta el aceite en una sartén grande y se fríe el ajo pelado y machacado con el mango de un cuchillo, pues así da más sabor. Cuando esté bien frito se saca y se ponen las verduras. Se remueven bien con una cuchara para que se impregnen del sabor del aceite y se sirven muy calientes.

JUDÍAS VERDES CON VIRUTAS DE FOIE-GRAS Y PISTACHOS

€€

INGREDIENTES

½ kg de judías verdes finas (francesas)
1 vaso de pistachos pelados
4 lonchas de jamón
1 trozo de foie-gras de unos 100 g
unas hojas de perifollo o perejil fresco
sal marina cristalizada
aceite de oliva virgen extra

Las judías francesas son más estrechas y tienen forma tubular. Se pueden comprar congeladas, en cuyo caso se echarán en el agua sin descongelar previamente.

- Con la ayuda de un pelador de patatas se hacen finas virutas de foie-gras y se reservan.
- El jamón se corta en tiras finas y también se reserva.
- Se cuecen las judías en agua hirviendo a borbotones hasta que estén al dente, se sacan y se refrescan un poco bajo el chorro de agua fría para que no pierdan su color, y se escurren bien.
- Mientras se cuecen las judías, se tuestan los pistachos en su propia grasa en una sartén (unos enteros y otros partidos por la mitad), se retiran y se reservan. En la misma sartén se saltean las tiras de jamón con las judías verdes y 1 cucharada de aceite durante 2 minutos.
- Se mezclan las judías verdes con el jamón y los pistachos, se añaden cristales de sal o sal gorda y se sirven formando una montaña en el centro del plato o fuente y echando por encima las virutas de foie-gras.
- Se riega con un chorrito de aceite de oliva virgen extra y se adorna con hojitas de perifollo o perejil.

FLAN DE VERDURAS

€€

INGREDIENTES

1 lata de espárragos blancos	**6 huevos**
6 zanahorias	**sal**
300 g de espinacas (1 bolsa)	**pimienta blanca**
2 vasos grandes de nata líquida	**1 cucharada de perejil fresco**

El baño María es una técnica de cocina que consiste en calentar o cocinar un alimento sin que el fuego le dé directamente para que no se corte o estropee. Se coloca el alimento en un recipiente y éste, a su vez, en otro de mayor tamaño con agua.

- Se pelan las zanahorias y se cortan en trozos. Se cuecen en agua hirviendo que las cubra. En otra cazuela se cuecen las espinacas en agua hirviendo a borbotones durante 2 o 3 minutos. Se sacan, se escurren concienzudamente y se vuelven a poner en el cazo fuera del fuego. Los espárragos se escurren, y se desecha el agua de la lata.
- En un cazo se cuece la nata líquida con un pellizco de sal, un poco de pimienta blanca y el perejil fresco bien picado. Cuando hierve se cuela y se añade ⅓ a la cazuela de las zanahorias, otro tercio al de las espinacas, y en el tercio de nata que queda se agregan los espárragos. Se ponen al fuego los 3 cazos y cuando hierven se retiran del fuego y se trituran con una batidora por separado.
- Aparte se baten los huevos y se reparten entre las tres preparaciones, mezclándolas bien. Se pasan una a una por el chino o pasapurés y se introducen en moldes de horno pequeños. Se ponen al baño María en el horno, precalentado a 100°, durante 1½ horas.
- Se pueden hacer flanes individuales de un solo sabor o intercalando una capa de zanahoria, una de espárragos y una de espinacas. Quedan muy bonitos como entrante o como guarnición.

MOUSSAKA

€€

INGREDIENTES

4 berenjenas grandes
5 cucharadas de aceite de oliva
2 tazas de pan rallado
½ vaso de queso feta rallado
4 cebollas pequeñas
800 g de carne magra de cordero picada
⅔ de lata grande (de kilo) de tomate natural triturado
3 dientes de ajo
½ cucharadita de canela
pimienta negra recién molida
1 vaso pequeño de vino tinto seco
sal

Para la bechamel:

4 cucharadas de harina
¾ l de leche
25 g de mantequilla
nuez moscada rallada
3 yemas de huevo
sal y pimienta

Esta receta está considerada como el plato nacional griego. Lo recomendable es hacerlo de mayo a diciembre, pues es la temporada de las berenjenas. Las mejores tienen forma de pera.

Con cordero lechal (recién nacido que sólo se alimenta de leche) resultaría muy cara. Se puede comprar la carne picada de cordero del pescuezo o falda, sin las partes grasas.

- Se lavan las berenjenas y se cortan longitudinalmente en rodajas no muy gordas. Se salan bien por las dos caras y se dejan reposar ½ hora para que «suden» y suelten todo el líquido. Se lavan bajo el chorro de agua fría; de esta manera pierden el amargor.
- Se colocan en una fuente de horno, parrilla o sartén tantas rodajas como quepan y se untan con aceite. Se asan unos 10 minutos dándoles la vuelta y untándolas otra vez con aceite hasta que estén cocidas. Deben quedar doradas por ambas caras. Se reservan.
- Se prepara una salsa bechamel (ver p. 25).
- Se echa la sal y un poco de pimienta a la bechamel, y se deja cocer unos 10 minutos sin parar de remover. Se aparta del fuego. Se añade una pizca de nuez moscada recién rallada. Se deja enfriar un poco y se incorporan 3 yemas de huevo batidas. Se reserva cubriéndola con papel encerado con mantequilla para que no se forme una costra.

- Se prepara una fuente de horno untándola con aceite de oliva y se espolvorea con el pan rallado.
- Para cocinar la carne se calientan 2 cucharadas de aceite de oliva en una cazuela grande, se saltea (se sofríe deprisa a alta temperatura) la cebolla hasta que esté tierna y se añade la carne picada. Se cuece durante 10 minutos sin parar de remover hasta que la carne pierda el tono rosado. Se incorporan los ajos pelados y majados (aplastados con el borde de un cuchillo), el tomate triturado, la canela y una pizca de pimienta recién molida. Se vierte el vasito de vino tinto.
- Entonces se baja el fuego, se tapa la cacerola y se deja cocer a fuego lento durante 45 minutos. Los últimos 15 minutos se destapa para que se evapore la humedad (si se secase durante la cocción se puede añadir un poco de agua).
- En la fuente de horno se disponen una capa de berenjenas, una capa de salsa de carne, otra de berenjenas y otra de carne, y así sucesivamente hasta terminar con una capa de berenjenas. Se vierte la salsa bechamel por encima y se extiende de manera uniforme. Se espolvorea con queso feta rallado y se mete en el horno, precalentado a 180°, durante 1 hora más o menos. La superficie debe quedar dorada.
- Se sirve bien caliente.
- Se puede tomar como plato único acompañado de una ensalada, pues es contundente.

HORTALIZAS RELLENAS DE ARROZ Y FRUTOS SECOS

€€

INGREDIENTES

- 2 calabacines pequeños
- 2 berenjenas pequeñas
- 2 tomates
- 2 pimientos pequeños de distinto color
- 6 cucharadas de aceite de oliva
- 6 chalotas
- 1 vaso grande de arroz de grano largo
- 2 dientes de ajo
- 1 cucharadita de canela en polvo
- 1 vaso pequeño de uvas pasas sin semillas
- 1 vaso pequeño de piñones
- 4 cucharadas de perejil fresco picado
- 3 cucharadas de menta fresca picada
- sal y pimienta negra recién molida

- Se les corta a las hortalizas el extremo superior, que se reserva para utilizarlo después como tapadera. Con una cuchara se vacían de pulpa y semillas los tomates, los calabacines, las berenjenas y los pimientos. Las pulpas se introducen en un bol pero se desechan las semillas de las berenjenas porque pueden resultar amargas y no se digieren bien.
- Se calientan 2 cucharadas de aceite en una sartén grande y se sofríen durante 3 minutos las chalotas (cebollitas pequeñas) muy picadas. Se añaden el arroz, los ajos pelados y majados (aplastados con el mango de un cuchillo), la canela, las pasas y los piñones tostados, además de las pulpas de las hortalizas. Se vierte el agua suficiente para cubrirlo y se cuece a fuego lento entre 7 y 10 minutos, hasta que el arroz haya absorbido casi todo el líquido y esté tierno. Se añade la sal, la pimienta, el perejil y la menta, y se remueve todo unos segundos.
- Se retira del fuego, se rellenan las hortalizas con la preparación y se tapan con las partes superiores reservadas.
- Se ponen en una fuente de horno con un poquito de agua en el fondo y se rocían con un chorrito de aceite. Se introducen en el horno, precalentado a 180°, unos 50 minutos. Durante la cocción deben regarse de vez en cuando con el agua del fondo de la fuente, con la ayuda de un cucharón; no deben moverse para no estropearlas.
- Se pueden servir calientes o a temperatura ambiente.

PISTO

€

INGREDIENTES

2 cebollas medianas
3 calabacines medianos
2 berenjenas medianas
1 pimiento verde grande o 2 pequeños
4 tomates maduros
2 dientes de ajo
8 cucharadas de aceite de oliva
sal

Este pisto es una versión del ratatouille *francés. Las hortalizas se cuecen en vez de freírse, como en el pisto manchego.*

- Se lavan bien todas las hortalizas excepto las cebollas. Éstas se pelan y se cortan en trozos muy pequeños (*brunoise*); las berenjenas se cortan en daditos de tamaño lo más uniforme posible; los pimientos también en daditos y sin semillas; los calabacines, lo mismo, sin pelarlos; y haremos lo mismo con los tomates, que antes de cortarlos en daditos se habrán pelado, tras introducirlos en agua hirviendo 1 o 2 minutos con un corte en la parte opuesta al extremo del rabo. Se reserva cada ingrediente por separado.
- Se pone el aceite a calentar en una sartén grande y honda o en un wok (sartén china muy profunda). Se añade la cebolla y se rehoga hasta que esté transparente. Se agregan las berenjenas y se siguen cocinando a fuego lento para que se cuezan sin freírse durante 10 minutos. Se incorporan los pimientos verdes y los tomates. Se añaden los dientes de ajo pelados y majados (aplastados con el mango de un cuchillo), y se sala.
- Se tapa y se deja cocer a fuego lento durante 1 hora, removiendo de vez en cuando. Los últimos 15 minutos de cocción se mira, y si está demasiado líquido se termina de cocinar sin tapa para que éste se consuma.

CARDO NAVIDEÑO CON ALCACHOFAS

€

INGREDIENTES

1 kg de cardo crudo
20 alcachofas
3 cebolletas
2 cucharadas de aceite de oliva
1 cucharadita de mantequilla
2 cucharaditas de harina
1 limón
100 g de jamón en dados
unas hojas de perifollo (o perejil)
sal

Si estamos cansados en Navidad de comer alimentos caros y que llenan demasiado, aquí tenemos una alternativa para un magnífico entrante, el cardo.

- Se lava y limpia muy bien el cardo cortando las bases duras y quitando las hebras con el pelapatatas de abajo arriba. Se corta en trozos de 2 o 3 cm y se mete en la olla exprés con agua fría hasta que los cubra. Se añade un poco de sal y el zumo de ½ limón. Se disuelve 1 cucharada de harina en un poquito de agua en una taza y se añade a la olla. Se deja cocer 40 minutos desde que la olla empiece a silbar y a soltar vapor.
- Las alcachofas se limpian quitándoles el tallo y las hojas duras exteriores (muchas), cortando las hojas que quedan a la mitad de su altura, retirando con una cucharilla los pelillos espinosos del fondo y frotándolas con limón para que no ennegrezcan. Se parten en 2 o 4 trozos. Se pone un cazo a fuego fuerte con agua suficiente para que cubra las alcachofas, 1 cucharadita de harina y sal. Cuando hierve se echan las alcachofas y se dejan hervir 15 minutos.
- En una cazuela se ponen las cebolletas bien picadas con el aceite y se pochan a fuego lento. Cuando estén transparentes se añaden los cardos y las alcachofas bien escurridos. Se deja cocer todo a fuego lento durante 5 minutos.
- En una sartén se sofríen un poco los dados de jamón en su propia grasa. Se incorporan a la cazuela y se les da unas vueltas. Se sirve adornado con unas hojitas de perifollo.

PATATAS BÁSICAS

Patatas cocidas

€

INGREDIENTES

1 kg de patatas
1 chorrito de leche
agua
sal

- Las patatas se lavan bien sin pelarlas. Se meten en una cacerola bien cubiertas con agua, un chorrito de leche fría y sal: Cuando el agua rompe a hervir se baja el fuego y se cuecen a fuego medio aproximadamente 30 minutos. Como este tiempo depende de la clase de patata y del tamaño, se puede introducir un pincho o la punta de un cuchillo en el centro de una patata para ver si ya están listas; si la patata sube con la hoja del cuchillo al sacarlo, todavía no están cocidas. Cuando el cuchillo sale solo se sacan, y se pelan cuando no quemen.
- Se pueden cocer enteras o peladas y troceadas, pero como salen más sabrosas es cociéndolas con la piel. Si se cortan en trozos hay que procurar hacerlos del mismo tamaño para que estén listas al mismo tiempo.

Patatas asadas en el horno con la piel

€

INGREDIENTES

1 patata grande por persona

- Sólo hay que lavarlas y meterlas en el horno, precalentado a 200°, durante 1 hora más o menos.

- Para lavarlas bien y quitarles toda la tierra hay unos cepillos especiales para limpiar vegetales que sólo cuestan 1 € y que son muy prácticos.
- Se pinchan para comprobar si están cocidas.
- También se pueden asar envueltas en papel de aluminio. Si las hacemos en la chimenea o en la barbacoa, quedan también deliciosas.
- Se sirven cortadas por la mitad con un poquito de sal y acompañadas de mantequilla o crema.

Puré de patatas

€

INGREDIENTES

1 kg de patatas
sal
agua

El puré de patatas industrial está bueno y es muy socorrido, pero no se puede comparar con un puré de patatas hecho en casa.

- Se pelan las patatas, se lavan y se cortan en trozos grandes de tamaño semejante. Se echan en una cazuela con agua fría suficiente para cubrirlas y 1 cucharadita de sal. Cuando empieza a hervir el agua se cuecen unos 30 minutos.
- Se escurren y se dejan enfriar durante 4 minutos en un colador. Se colocan otra vez en la olla y se trituran con una batidora o aplastándolas con un tenedor. Si se quiere, se les puede añadir 2 cucharadas de mantequilla.
- El puré queda aún más cremoso con 2 cucharadas de mantequilla y 1 vaso de nata líquida, todo bien mezclado.
- Los amantes del queso pueden añadir al puré 3 o 4 cucharadas de queso parmesano rallado además de la mantequilla.

Patatas fritas

€

INGREDIENTES

1 kg de patatas
1 l de aceite
sal

- Se pelan las patatas y se cortan en rodajas o en tiras gruesas (de un dedo más o menos). Se lavan y se dejan en remojo en agua durante ½ hora para que suelten el almidón. Se secan y se salan.
- En una sartén honda se pone el aceite y se calienta un poco. Si está muy caliente las patatas se dorarán pero quedarán crudas por dentro. Para saber si el aceite está a la temperatura ideal, se echa un trozo de pan y si chisporrotea pero sin achicharrarse, está listo.
- Se ponen las patatas por tandas, porque si las echáramos todas de golpe el aceite se enfriaría y quedarían cocidas por dentro o rotas.
- Se sacan antes de que estén doradas y se reservan en un recipiente.
- Cuando todas las tandas estén fritas, se sube el fuego y se vuelven a freír unos segundos, esta vez todas juntas, hasta que se doren.
- Se sirven inmediatamente añadiéndoles más sal.

Patatas panadera

€

INGREDIENTES

1 kg de patatas
1 cebolla
aceite de oliva
sal
perejil fresco picado

Son ideales para acompañar cualquier carne o pescado.

- Se cortan las patatas en rodajas finas, de igual tamaño.
- Se corta la cebolla en juliana (tiras muy finas).
- Se pone en una fuente de horno el aceite con las patatas y la cebolla sazonadas, y se cuecen a fuego medio durante unos 20 minutos.
- Se espolvorean después con el perejil picado fresco.

PATATAS A LO POBRE

INGREDIENTES

€

1 kg de patatas
1 cebolla
4 dientes de ajo
1 pimiento rojo pequeño
1 pimiento verde pequeño
1 chorrito de vinagre
1 l de aceite de girasol
2 cucharadas de perejil fresco picado
sal

Las patatas a lo pobre, ya lo indica su nombre, son muy baratas y socorridas. Se pueden tomar como entrante, solas, con huevos fritos o como guarnición para carnes y pescados.

- En un mortero se aplastan los ajos pelados con el perejil picado grueso, un poquito de sal y el chorrito de vinagre.
- Se lavan la cebolla y los pimientos, se cortan en aros finos y se reservan.
- Se pelan las patatas, se lavan y se cortan en rodajas finas pero no transparentes.
- Se fríen en una sartén grande con abundante aceite y a fuego medio para que se hagan bien por dentro. No es necesario freírlas por tandas.
- A media cocción se añaden los aros de cebolla y pimiento.
- Cuando estén fritas las patatas, se sube el fuego unos segundos para que se doren y se peguen entre sí.
- Se sacan con una espumadera sin escurrirlas demasiado, se ponen en otra sartén o cazuela, en la que echaremos el preparado del mortero, y se remueve todo muy bien.

PATATAS A LA IMPORTANCIA

€

INGREDIENTES

1 kg de patatas
1 cebolla mediana
2 dientes de ajo
2 huevos
1 vaso de harina
1 l de caldo de ave
4 lonchas de jamón
2 huevos
1 l de aceite para freír (o menos)
sal

Este guiso no está de moda a pesar de que es una maravilla y a todo el mundo le encanta. Como bien dice su nombre, es un plato importante. Es barato y, aunque un poco laborioso, no es difícil de preparar.

- Se pelan las patatas, se lavan, se cortan en rodajas un poco gruesas y se reservan en agua.
- Se pican los ajos y la cebolla, y se rehogan (se cocinan a fuego lento durante unos minutos) en 2 cucharadas de aceite, en una sartén grande, hasta que estén transparentes. Se añade la harina y se remueve hasta que se tueste y se incorpore a la salsa que tomará un color oscuro. Se agrega el caldo de ave, poco a poco y sin dejar de darle vueltas con una cuchara de madera. Cuando rompe a hervir, se retira del fuego y se pasa la salsa a una olla lo suficientemente grande para meter luego las patatas, y se reserva.
- Se ponen los huevos batidos en un plato y la harina en otro. Se salpimentan las patatas, que se habrán secado con un paño limpio, y se rebozan pasándolas primero por harina y luego por huevo.
- Se fríen en una sartén con abundante aceite a fuego vivo para que se doren pero queden un poco crudas por dentro. Se retiran con una espumadera y se ponen sobre papel absorbente para quitar el exceso de aceite.
- Se introducen en la olla con la salsa y se incorpora el jamón cortado en daditos (se puede comprar ya cortado).
- Se deja cocer a fuego medio durante 10 minutos más o menos, hasta que las patatas estén hechas.
- Se sirve bien caliente.

Arroces, pastas y cuscús

De cereales es de lo que se alimenta más de la mitad de la humanidad. Sobre todo de arroz. Por eso es lamentable que los habitantes de países como Tailandia no tengan arroz suficiente para comer y que el que producen nos lo estemos comiendo aquí en Occidente a precio de ganga. Algunos países como Vietnam han puesto límites a las exportaciones en momentos de crisis de precios, pero en cuanto ha pasado el miedo, han vuelto a eliminar esas tasas a la exportación para elevar los precios al agricultor y, en definitiva, a gran parte de la población (es como la pescadilla que se muerde la cola).

La **UE**, desde 2001 y en virtud de la iniciativa *Everything but Arms* (Todo menos las armas), absorbe el 70 % de las exportaciones agrícolas de los países más pobres. En su mayoría se trata de países de África (34), y el resto son de Asia (10), Oceanía (5) y América (1), cuya población total alcanza los 600 millones de personas (más que Japón, Estados Unidos, Canadá, Australia y Nueva Zelanda juntos).

Europa, menos armas, puede importar legalmente de todo. Pero nosotros, como consumidores, no tenemos que olvidar que a lo mejor el arroz que nos estamos comiendo prácticamente se lo estamos quitando de la boca a una familia pobre del otro extremo del mundo, mientras que las toneladas de arroz producido en España se mueren de aburrimiento en los almacenes. Son importaciones legales, sí. Pero ilícitas. ¿No es mejor comprar arroz de la zona donde vivimos aunque resulte unos céntimos más caro?

Del maíz se está haciendo ahora combustible. ¿Qué comerán en Sudamérica cuando el precio de este cereal se dispare?

El arroz

El arroz es originario de China. Hace 4.800 años, en la época del emperador Ching-Nong, se escribió sobre su cultivo. En España fue introducido por los árabes con la caída del Imperio romano y se empezó a cultivar en Levante. Desde allí se implantó en todo el Mediterráneo.

Un buen arroz es el que tiene un grano resistente que no se abre durante la cocción. Absorbe más agua sin pasarse. Es un alimento que no tiene mucho sabor pero que absorbe el de otros alimentos gracias al almidón.

Existen más de 2.000 variedades de arroz en todo el mundo. Hay dos razas diferenciadas: la índica, que representa el 80 % del arroz pro-

ducido en el mundo y cuyo grano es alargado; y la japónica, de grano redondo. Además existen otras variedades aromáticas, como la basmati o la jazmín.
Por la forma del grano el arroz se clasifica en:

- **Arroz basmati**: es de origen indio o pakistaní y tiene un sabor aromático muy peculiar.
- **Arroz glutinoso**: se utiliza en muchas recetas de cocina china. Es un arroz que conserva todo su almidón y queda enganchado. Es el que se emplea para preparar el célebre sushi japonés (pescado crudo sobre bolas alargadas de arroz).
- **Arroz salvaje**: es de origen canadiense y americano, y en realidad no es arroz sino otra planta. El grano es muy fino, largo y marrón oscuro.
- **Arroz tailandés**: muy perfumado, con aroma de jazmín.
- **Arroz de grano largo**: se encuentra en cualquier supermercado y mide unos 6 mm. Absorbe menos agua, por lo que es más difícil que se pase. Es ideal para ensaladas.
- **Arroz de grano medio**: es también muy común. Es un poco más corto que el de grano largo, tarda más en cocer pero sus granos quedan sueltos. Ideal para cocinar arroz blanco y paella.
- **Arroz de grano redondo**: es también muy común; el problema es que, si no se vigila, al cocerse muy deprisa tiende a empastarse. Sin embargo, es ideal para preparar arroz con leche.

A la hora de comprar arroz no sólo debemos distinguirlo por el grano sino también por el proceso al que ha sido sometido. Hay dos tipos:

- **Arroz integral**: da igual del tipo de grano que sea (basmati, redondo, largo...), se trata de un arroz que conserva el salvado en la cáscara, por lo que resulta más alimenticio, ya que en la cáscara están la mayor parte de las vitaminas y los minerales. Es de color más oscuro, tirando a marrón claro. Necesita más agua que el arroz no integral, pues su cocción es mucho más lenta. A veces, si no tenemos tiempo suficiente, merece la pena cocerlo en la olla exprés.
- **Arroz vaporizado**: puede ser de grano medio o largo. Ha sufrido un proceso gracias al cual conserva también las vitaminas y los minerales. En crudo tiene un color tostado, pero al cocinarlo queda blanco. Absorbe menos el sabor de otros alimentos pero no se pasan, por lo que es ideal prepararlo con antelación y recalentarlo o utilizarlo para ensaladas.

Excepto en el caso de los risottos, que es una forma italiana de cocinar el arroz añadiendo caldo poco a poco y removiéndolo todo el rato, el arroz no debe cocinarse nunca más de la cuenta ni moverse durante la ebullición, pues los granos se pasan o se rompen, y queda pastoso y sin sabor. Cuanto mejor es el arroz, menos se rompe.

Nunca se debe lavar el arroz en crudo, pues pierde almidón y con él sus propiedades para absorber los sabores.

Los vinos adecuados para los arroces son los rosados. Y, según los ingredientes que lo acompañen, un tinto joven o un blanco seco.

La pasta

La pasta de calidad siempre está hecha con sémola de trigo duro. Es un alimento que, al igual que el arroz, absorbe el sabor de las salsas. Su origen se atribuye a China. Es barata, muy nutritiva y, al contrario de lo que muchos creen, no engorda. Lo que engorda son algunas de las salsas con que se acompaña.

La pasta siempre ha de cocerse en una olla sin tapar. Cuando el agua hierve se echa la sal y después la pasta. Se sube el fuego y se deja en agua hirviendo a borbotones el tiempo necesario (según las indicaciones del fabricante y el gusto de cada uno). Transcurrido ese tiempo se escurre. No se debe colar bajo el chorro de agua fría a no ser que se vaya a emplear en ensaladas.

> La regla es 1 l de agua por cada 100 g de pasta. Así que para 4 personas se utilizarán 400 g de pasta y 4 l de agua para que la pasta se cueza con holgura. Por lo que se necesitará una olla grande.

ARROCES BÁSICOS

Arroz blanco

€

INGREDIENTES

1½ vasos de arroz
3 vasos de agua
2 cucharadas de aceite
1 hoja de laurel pequeña
1 diente de ajo
sal

Ésta es la receta de toda la vida del arroz blanco. Merece la pena aprender a hacerlo así, pues queda exquisito.

Hay que echar el doble de agua que de arroz.

- En una cazuela se pone el aceite y se rehoga el diente de ajo pelado con la hoja de laurel. Justo antes de que empiece a dorarse el ajo se echa el arroz.
- Se le da unas vueltas con una cuchara de madera y se sala. El arroz es bastante soso, así que admite un buen pellizco de sal.
- Se añaden los 3 vasos de agua caliente sobre el arroz y se deja que hierva a fuego alto durante 5 minutos y destapado. Luego se baja el fuego y se deja cocer a fuego bastante bajo durante otros 10 minutos y con la cazuela tapada. Transcurrido ese tiempo se retira la cazuela del fuego y, sin abrir la tapa, se deja reposar otros 5 minutos.
- Otra manera de preparar el arroz blanco consiste en poner agua abundante (sin sal) en una cazuela y cuando rompe a hervir echar el arroz y mover con una cuchara para que no se pegue. Se deja cocer unos 15 minutos a fuego vivo y destapado, y luego se cuela bajo el chorro de agua fría. Se reserva, y cuando se vaya a utilizar se rehoga en aceite o mantequilla. Esta forma es la adecuada para hacer ensaladas de arroz, que debería ser arroz vaporizado de grano largo.

Arroz basmati

INGREDIENTES

½ kg de arroz basmati
1 l de agua
sal

El arroz basmati tiene un sabor muy particular y sutil. En cuanto uno lo prueba se aficiona a él. Como guarnición de carnes y aves en salsa es perfecto, aunque solo también resulta muy bueno.

El arroz basmati, de origen indio o pakistaní, hoy en día se comercializa en prácticamente todo el mundo. En el envase viene la manera y los tiempos de cocinarlo, pero aquí damos la receta india.

- Se lava el arroz en un colador bajo el grifo de agua fría y se escurre. A continuación se pone en una cazuela con el agua y se deja en remojo de 10 a 15 minutos fuera del fuego.
- Se cocina a fuego medio hasta que hierve a borbotones; entonces se baja el fuego hasta que el agua casi no hierva. Se tapa bien la cazuela para que no salga nada de vapor y se deja cocer 15 minutos sin destapar en ningún momento.

Arroz integral

€

INGREDIENTES

½ kg de arroz integral
1½ l de agua
sal

Es muy práctico y saludable tener arroz integral cocido en la nevera, pues simplemente friéndolo un poco queda muy rico.

- Se cuece el arroz en una cazuela con abundante agua salada durante 45 minutos.
- Se escurre y se sirve de guarnición o mezclado con todo tipo de ingredientes.
- Si se prepara en la olla exprés, hay que echar una proporción de 1½ cantidades de agua por 1 de arroz. Por ejemplo: 2 vasos de arroz y 3 vasos de agua.
- Se pone el arroz en la olla con 2 cucharadas de aceite y el agua, se cierra y se pone al fuego. Cuando empieza a salir el vapor y la olla comienza a silbar, se baja el fuego y se deja 6 minutos.
- Cuando el piloto indique que se puede abrir la olla, se destapa y se deja reposar el arroz 3 minutos.

PAELLA MIXTA AL HORNO

€€

INGREDIENTES

½ kg de arroz bomba
1 pollo mediano
300 g de calamares
300 g de gambas congeladas
½ kg de mejillones
¼ kg de chirlas
1 pimiento verde
150 g de judías verdes
1 o 3 dientes de ajo
1 vaso de tomate triturado
1 cucharadita de pimentón
8 cucharadas de aceite de oliva (más o menos)
caldo mixto de ave y pescado
azafrán y colorante
sal

Si no se tiene un fuego grande o un difusor que, colocado sobre un fuego mediano, pueda repartir por igual el calor en la base de la paella, el horno es la solución para poder cocinar este plato.

Se le pueden añadir guisantes y cebolla, aunque no es aconsejable porque el arroz se ablanda. Los valencianos le ponen garrafón, un tipo de judía que puede sustituirse por judías blancas grandes.

- Lo primero es preparar el caldo (o utilizar uno industrial), al que se añadirá el azafrán y el colorante. Se sala y se lleva a ebullición, a fuego lento.
- Ponemos a calentar el aceite en la paella (así se llama la sartén para hacer las paellas). Se añade el pollo previamente cortado en trozos pequeños y se fríe hasta que se dore.
- Se aparta el pollo a un lado de la paella para añadir el pimiento verde y el ajo troceados. Se remueve con una cuchara de madera y se incorporan los calamares cortados en anillas. Se echa el pimentón y se remueve un poco. Inmediatamente después se agregan el tomate y las judías, y se sofríe durante unos 12 minutos.
- Se añade el arroz y se remueve un poco para que se empape de la grasa de la paella. Entonces, se vierte el doble de caldo hirviendo que de arroz, las chirlas lavadas en agua fría con sal y los mejillones abiertos al vapor, colocándolos boca abajo. Se mezcla todo muy bien meneando la paella y se mete en el horno a 100° durante 15 minutos.
- Se saca y se deja reposar 5 minutos cubierta con un paño.

ARROZ NEGRO

€€

INGREDIENTES

1¼ vasos grandes de arroz
300 g de calamares
1 cebolla
2 cucharadas de aceite de oliva
3 vasos grandes de caldo de verduras
1 diente de ajo
100 g de sepia
½ tomate
3 sobres de tinta de calamar
2 hebras de azafrán
sal

Para el falso alioli:
1 huevo
200 g de aceite de girasol
1 ajo
el zumo de ½ limón

- Se limpian los calamares y la sepia desprendiendo del cuerpo lo que cuelga: cabeza, tripas, tentáculos y barbas. Se retiran las bolsas de tinta que están entre las barbas y se reservan en una cazuela con las tintas de sobre diluidas en el caldo de verduras. Se arrancan los ojos con los dedos y se tiran. La cabeza y las barbas sí se utilizan. Dentro del cuerpo hay una parte larga y dura que se llama espadón; se quita fácilmente tirando de ella. Se limpian muy bien con agua dando la vuelta a las bolsas (al cuerpo del calamar) o metiendo bien los dedos. Se secan con un trapo y se cortan en dados de 2 cm más o menos. Se reservan.
- Se pican las cebollas y el ajo y se pochan (rehogan a fuego lento) en una sartén con el aceite. Cuando estén dorados se añade el tomate picado o rallado y se deja cocer unos minutos a fuego lento. Se agregan el calamar y la sepia, y por último el arroz. Se rehoga durante 2 o 3 minutos.
- Se calienta la cazuela con el caldo de verduras y la tinta, y se sala. Se agrega al arroz junto con las hebras de azafrán y se deja cocer a fuego fuerte durante 15 minutos. Transcurrido este tiempo se baja el fuego al mínimo y se deja 2 minutos más.
- Se puede acompañar de alioli «falso» (ver p. 29) en un cuenco aparte.

ARROZ CON BACALAO

€ €

INGREDIENTES

1¼ vasos grandes de arroz
(300 g más o menos)
400 g de bacalao salado desmigado
3 cucharadas de perejil fresco
picado
1 diente de ajo
3 vasos grandes de caldo
de verduras
2 cucharadas de aceite de oliva
sal

- Se compra bacalao salado desmigado y se desala poniéndolo en remojo en un recipiente grande la víspera, en agua fría, cambiando el agua 3 o 4 veces y aclarando el recipiente para quitar la sal que pueda quedar en el fondo. También se puede encontrar en las tiendas bacalao desalado, congelado o sin congelar, de muy buena calidad. Se seca con un paño y se reserva.
- En una sartén grande se ponen 2 cucharadas de aceite de oliva y se rehoga (a fuego lento, sin prisas) el ajo picado. Se añade el arroz y se rehoga bien para que absorba todo el aceite. Si falta aceite echamos un poquito más, y si sobra se quita con una cuchara.
- Se agrega el bacalao, el caldo de verduras y el perejil picado. Se sala con cuidado, sólo un poquito.
- Se deja cocer a fuego lento durante 20 minutos sin tapar y sin mover el arroz.

RISOTTO CON BOLETUS

INGREDIENTES

€

1 vaso grande de boletus congelados troceados
1 l de caldo de ave
2 cucharadas de mantequilla
2 cebolletas
2 dientes de ajo
2 vasos grandes de arroz bomba
2 cucharadas de perejil fresco picado
½ taza de queso parmesano recién rallado

Los risottos son de procedencia italiana. Se trata de un plato típico de la cocina campesina, pero son tan exquisitos que en casi todos los restaurantes de lujo ofrecen un tipo u otro.

Los boletus son caros y frescos. No se encuentran todo el año a no ser que vengan de los países del Este, con lo que habrán viajado y perdido parte de su frescor y sabor. Pero es fácil comprarlos congelados, y para según qué guisos resultan incluso más sabrosos que los frescos.

- En una cazuela se funde la mantequilla y se pochan (se rehogan a fuego lento y despacio) las cebolletas y los ajos picados hasta que estén tiernos y dorados. Se agregan los boletus bien picados, previamente descongelados y escurridos (es mejor descongelarlos a temperatura ambiente sobre una rejilla para que el agua que sueltan caiga).
- En otra olla se tendrá el caldo caliente.
- Se agrega el arroz y se remueve con una cuchara de madera hasta que esté bien mezclado. Se añade una taza de caldo caliente, se sube el fuego y se lleva a ebullición. Se deja hervir removiendo con frecuencia hasta que se evapore casi todo el líquido. Entonces se añade otra taza de caldo y se repite la misma operación durante unos 17 minutos, es decir, hasta que se haya incorporado gradualmente todo el caldo. Es la manera de que el arroz quede cremoso, que es de lo que se trata. Debe resultar un caldo ligero espesado por el propio almidón del arroz y de textura untuosa.
- Se baja el fuego y se agrega el perejil picado y el parmesano rallado al momento (sabe mucho mejor), sin parar de remover. Se tapa la cazuela y se deja 2 minutos.
- Es importante que el arroz esté al punto, nunca pasado. Se sirve inmediatamente.

RISOTTO CON TRIGUEROS, QUESO DE MAHÓN Y MENTA

€€

INGREDIENTES

300 g de espárragos trigueros
1 litro de caldo de ave
2 cucharadas de mantequilla
2 cebolletas
2 dientes de ajo
2 vasos grandes de arroz bomba
2 cucharadas de perejil fresco
4 cucharadas de menta fresca picada
½ taza de queso de Mahón recién rallado

Este plato es ideal para primavera y verano, cuando es la temporada de los espárragos trigueros. Los pequeños son los que menos hebras tienen. Se diferencian de los blancos por su color verde, ya que se han cultivado al aire y los blancos bajo tierra. Crecen en los sembrados y campos y se recolectan a mano.

- Se pelan los espárragos desde la punta hacia abajo con un pelapatatas, y se corta y se desecha la base del tallo, que es correosa. Se cortan las puntas y se escaldan (se meten en agua hirviendo 1 o 2 minutos). Se refrescan bajo el chorro de agua fría y se reservan. Se cortan los tallos pelados en rodajitas y se reservan por separado.
- En una cazuela se funde la mantequilla y se pochan la cebolla y el ajo bien picados hasta que estén tiernos y dorados.
- En otra olla se tendrá el caldo caliente.
- Se agregan las rodajitas de tallos de trigueros y el arroz, y se remueve con una cuchara de madera hasta que esté bien mezclado. Se añade una taza de caldo caliente, se sube el fuego y se lleva a ebullición. Se deja hervir removiendo con frecuencia hasta que se evapore casi todo el líquido. Entonces se añade otra taza de caldo y se repite la misma operación durante unos 17 minutos, es decir, hasta que se haya incorporado gradualmente todo el caldo. Es la manera de que el arroz quede cremoso, que es de lo que se trata. Debe quedar un caldo ligero espesado por el propio almidón del arroz de textura untuosa.
- Se baja el fuego y se agregan, sin parar de remover, las puntas de trigueros, la menta picada y el queso de Mahón recién rallado. Se tapa la cazuela y se deja 2 minutos. Se sirve inmediatamente.

SPAGHETTI A LA BOLOÑESA

€€

INGREDIENTES

400 g de spaghetti secos
3 cucharadas de aceite de oliva
3 cucharadas de mantequilla
1 cebolla
2 zanahorias
½ tallo de apio pequeño
300 g de carne picada de vaca sin grasa
1 vaso grande de vino blanco seco
6 cucharadas de leche
½ cucharadita de nuez moscada recién rallada
1 lata de ½ kg de tomates pelados enteros
60 g de queso parmesano rallado
sal

Los spaghetti con carne son los que todos conocemos y que a todo el mundo gustan, en especial a los niños. En esta receta se explica cómo los preparan los italianos, con zanahoria y apio. Se pueden tomar como plato único, pues son contundentes.

La pasta seca es mejor que la industrial fresca. Así es que, o hacemos nosotros la pasta fresca en casa, o compramos una pasta seca de calidad.

Las salsas de carne o de consistencia espesa combinan mejor con pasta del tipo de los spaghetti gruesos o los macarrones rallados. La boloñesa se puede preparar con anticipación y congelarla. Cuando se recaliente bastará con añadirle 1 o 2 cucharadas de agua.

- Se pica muy bien la cebolla y se saltea en una sartén a fuego medio con el aceite de oliva y la mitad de la mantequilla hasta que se dore.
- Se limpia muy bien el apio, quitándole las hebras que pueda tener, y se corta en dados pequeños. La zanahoria se pela o se raspa, y se corta también en dados. Se agregan a la cebolla y se saltean hasta que cambien de color.
- Se incorpora la carne picada (se pedirá al carnicero que la pique gruesa), separándola con una cuchara de madera. Se sazona y se cocina hasta que no esté cruda. Se añade el vaso de vino y se mantiene al fuego hasta que se evapore por completo. Entonces se añade la leche y la nuez moscada rallada y se cocina hasta que casi se haya evaporado la leche. Se remueve de vez en cuando para que se haga toda la carne por igual.

- Aparte se parten los tomates de lata en trozos grandes conservando su jugo. Se incorporan a la carne y se mezclan. Cuando empiecen a hervir se baja el fuego al mínimo y se cuecen sin tapar durante largo rato, de 2 a 2½ horas más o menos.
- Se echa la pasta formando un abanico en una olla con 4 l de agua hirviendo y 1 cucharada de sal. Se remueve bien y se cuece hasta que esté al dente —la mejor forma de saberlo es probándola—. Se cuela y se mezcla con la salsa bien caliente, la mantequilla restante y el queso parmesano rallado. Se rectifica de sal y se sirve inmediatamente.

SPAGHETTINI CON AJO Y ACEITE DE OLIVA

€

INGREDIENTES

- 400 g de spaghettini (spaghetti muy finos) de pasta seca
- 8 cucharadas de aceite de oliva virgen extra
- 2 cucharaditas de ajo muy picado
- 1 cucharada de perejil muy picado
- ¼ de cucharadita de guindilla picante molida
- sal

Ésta es la receta ideal para cuando tenemos ganas de comer algo sustancioso y no tenemos casi nada en casa.

- Lo primero que se hace es cocer la pasta. Se echa en 4 l de agua hirviendo con 1 cucharada de sal, y se sumerge y remueve hasta que esté cubierta por completo de agua.
- Aparte se pone en una sartén grande o cazuela el aceite de oliva y el ajo y se sofríe a fuego medio. Cuando empieza a cambiar de color se agregan el perejil, la guindilla y un poco de sal. Se remueve y se retira rápidamente del fuego para que el ajo no se queme.
- Cuando la pasta esté lista (al dente, lo sabremos probándola) se cuela y se incorpora a la sartén (el aceite mantendrá el calor), mezclándola muy bien para que todos los spaghettini se impregnen de salsa.

FETTUCCINE PRIMAVERA

€

INGREDIENTES

400 g de fettuccine secos (cintas)
5 cucharadas de mantequilla
2 cebollas pequeñas
8 espárragos trigueros
½ tallo de apio pequeño
2 zanahorias
1 calabacín pequeño
1 pimiento rojo pequeño
¼ l de nata líquida para cocinar
2 cucharadas de perejil fresco bien picado
4 cucharadas de queso parmesano recién rallado
sal y pimienta negra recién molida

La pasta plana como los fettuccine y los tagliatelle es la que mejor absorbe las salsas cremosas porque es más porosa. Ésta con trigueros y vegetales es perfecta para primavera.

- Se cortan y pelan bien los trigueros (ver p. 154, Risotto con trigueros) y se reservan cortados en rodajas. Se pican muy bien las cebollas y el apio y se reservan. El resto de los vegetales, bien lavados, y la zanahoria, pelada, se cortan en dados pequeños.
- En una sartén grande se derrite la mantequilla a fuego entre moderado y fuerte. Se incorpora la cebolla y se saltea (se fríe a fuego fuerte en poco tiempo) hasta que se dore.
- Se agregan el apio y la zanahoria y se saltean 5 minutos más moviendo la sartén enérgicamente por el mango.
- Se añaden el calabacín y el pimiento y se saltean a fuego entre moderado y fuerte de 10 a 15 minutos, hasta que estén tiernos, pero conservando su color. Se salpimenta, se añaden los trigueros y se saltea todo durante 1 minuto más o menos.
- Se agrega la nata y se cocina a fuego medio removiendo de vez en cuando hasta que se haya reducido a la mitad. Se retira del fuego.
- Mientras, se habrán puesto 4 l de agua a calentar a fuego fuerte. Cuando esté hirviendo se echa 1 cucharada de sal y los fettuccine, y se les da unas vueltas para que no se peguen unos con otros. Se deja cocer el tiempo que estipule el fabricante en el envase para que estén al dente. Se pone la sartén de la salsa a fuego medio, se cuela la pasta y se mezcla con la salsa, el queso rallado y el perejil.
- Se sirve de inmediato.

TALLARINES CHINOS CON TERNERA Y SALSA DE OSTRAS

€€

INGREDIENTES

- 300 g de lomo de ternera
- 250 g de tallarines chinos al huevo
- 2 cucharadas de aceite de girasol o de cacahuete
- 1 cucharadita de aceite de sésamo tostado
- 8 espárragos trigueros
- 2 dientes de ajo grandes
- 1 cebolla roja pequeña
- 1 trozo del tamaño de una nuez de jengibre fresco
- 4 cucharadas de caldo de verduras
- 4 cucharadas de vino de arroz
- 3 cucharadas de salsa de ostras
- 3 cucharadas de semillas de sésamo
- 1 cucharada de soja clara

- Se pelan los trigueros y se cortan las puntas y los tallos en trozos de 1 cm más o menos y se reservan.
- Se prepara un adobo (poner la carne cruda antes de cocinarla en una mezcla para que absorba sus aromas y esté más tierna) con 1 cucharada de soja clara, 1 cucharadita de aceite de sésamo y 2 cucharaditas de vino de arroz. Se deja macerar la carne cortada en lonchas 15 minutos.
- Mientras, se echan los tallarines en una olla con abundante agua con sal y se deja hervir durante 8 minutos (o lo que indique el envase). Se escurren y se refrescan bajo el chorro de agua fría.
- Se calienta un wok o sartén grande con 1 cucharada de aceite de girasol. Se saltean los espárragos 1 minuto a fuego vivo y se añade la carne con el adobo (ojo, salta, hay que alejarse un poco de la sartén) Se saltea 1 ½ minutos o 2 hasta que la carne esté hecha. Se retiran la carne y los espárragos y se reservan.
- En la misma sartén se calienta el resto del aceite y se saltean durante 1 minuto los ajos pelados y picados con la cebolla cortada en rodajas finas. Se vierten el caldo, el vino de arroz restante y la salsa de ostras, y se deja hervir mientras se remueve.
- Se vuelven a poner la carne, los espárragos y los tallarines. Se mezcla con 2 tenedores y se remueve hasta que los tallarines estén calientes.
- Se sirve bien caliente espolvoreado con semillas de sésamo, que se habrán tostado en una sartén sin aceite durante ½ minuto.

HORMIGAS TREPADORAS

INGREDIENTES €

250 g de tallarines de arroz	**1½ cucharadas de aceite de girasol o de cacahuete**
50 g de carne magra de cerdo picada	**2 dientes de ajo**
1 cucharada de fécula de maíz	**1 guindilla roja grande y fresca**
3 cucharadas de salsa de soja	**3 cebolletas**
1½ cucharadas de vino de arroz	**unas hojas de cilantro (o perejil)**
1½ cucharadas de azúcar	
1½ cucharadas de aceite de sésamo tostado	

Que nadie se asuste. No vamos a preparar hormigas. Este plato chino clásico tiene el nombre poético de «hormigas trepadoras» porque los trocitos de carne picada de cerdo se pegan a los tallarines y parecen hormiguitas trepando. Los chinos son unos maestros en literatura gastronómica.

- Se ponen en remojo los tallarines de arroz para que se hidraten en agua tibia 20 minutos. Se escurren bien y se reservan.
- En un bol grande se pone la fécula de maíz, la salsa de soja, el vino de arroz, el azúcar y el aceite de sésamo. Se remueve bien intentando no formar grumos. Se incorpora la carne de cerdo picada y se mezcla bien con las manos sin aplastarla. Se deja macerar durante 10 minutos.
- Se calienta una sartén grande o wok a fuego vivo unos segundos y se vierte el aceite de girasol o cacahuete. Cuando esté caliente se echan los ajos bien picados y se saltean (se fríen brevemente a fuego vivo, moviendo bruscamente la sartén por el mango) junto con la guindilla en rodajas y sin semillas, y la cebolleta cortada en aros finos, durante 30 segundos.
- Se añade la carne y lo que quede de adobo en el bol, y se saltea 5 minutos más, hasta que la carne pierda el color rosado.
- Se incorporan los tallarines y se mezclan muy bien con la ayuda de 2 tenedores.
- Se espolvorea con cilantro o perejil picado y se sirve inmediatamente.

TALLARINES AL ESTILO SICHUÁN

€

INGREDIENTES

250 g de tallarines chinos al huevo
1 zanahoria
2 coles chinas pequeñas
2 cucharadas de aceite de girasol o de cacahuete
2 cucharadas de salsa de soja picante
2 dientes de ajo
1 cebolla roja grande
½ vaso grande de caldo de verduras o de agua
2 cucharadas de pasta de sésamo china
1 cucharada de pimienta de Sichuán molida
1 cucharadita de soja clara

Todos los ingredientes se pueden encontrar en tiendas de alimentación orientales. Se pueden utilizar para muchas otras preparaciones. Algunas verduras chinas como la pack choy y el choysan se cultivan en España, y salvo en agosto y septiembre se consiguen todo el año en algunas verdulerías y en los mercados.

- Se ralla la zanahoria pelada por la parte gruesa del rallador y se reserva. Se lavan bien las coles chinas y se cortan en tiras gruesas y se reservan.
- Se cuecen los tallarines en una cazuela con agua hirviendo con sal durante 4 minutos (o lo que indique el envase) y se escurren con un colador bajo el chorro de agua fría para detener la cocción. Se reservan.
- Se calienta una sartén grande o wok a fuego vivo y se echa el aceite. Cuando esté caliente (reluciente, 1 minuto) se agrega el caldo de verduras, la salsa de soja picante (o de soja con guindillas secas picadas), la pasta de sésamo, la pimienta de Sichuán y la salsa de soja. Se lleva todo a ebullición, removiendo para mezclarlo bien.
- Se añade la col y la zanahoria, salteándolo todo hasta que estén tiernas, unos 2 minutos. Se incorporan los tallarines y se mezclan bien, en el fuego, con 2 tenedores.
- Se sirve inmediatamente.

CUSCÚS CON VERDURAS

€

INGREDIENTES

4 tazas de sémola de cuscús precocinado
1 cebolla mediana
1 trozo de calabaza (300 g)
3 zanahorias
1 tallo de apio
½ repollo pequeño
1 cucharadita de pimentón picante
1 taza pequeña de pasas de corinto
4 tazas de caldo de verduras
1 tarro pequeño de garbanzos cocidos
2 cucharadas de aceite de oliva
1 cucharada de mantequilla (o de aceite)
1 diente de ajo
sal

El cuscús, típico de los países del Magreb, es sémola en grano. Resulta incluso más fácil de preparar que el arroz.

- Se pela la calabaza con cuidado, pues la piel es muy dura; se corta en trozos de unos 2 cm y se le quitan las semillas. Se pelan o raspan las zanahorias y se cortan por la mitad. Se lava el apio, se le retiran los hilos con un pelapatatas o cuchillo y se corta en bastoncitos. Se lava el repollo y se corta en 4 u 8 trozos.
- Se pela y pica la cebolla. En una cacerola con el aceite de oliva se sofríe a fuego medio sin que se dore demasiado. Se añade la sal y el ajo pelado y majado (aplastado), y se le da unas vueltas.
- A continuación se echa el pimentón y rápidamente (si no se quema el pimentón) se incorporan las verduras. Se vierte el caldo y se deja cocer unos 25 minutos más o menos.
- Se pone el cuscús (1 taza por persona) en un bol grande. Se vierte la misma cantidad de agua (1 taza por persona) en una cazuela con sal. Cuando hierve se echa sobre el cuscús y se deja que éste se empape durante 5 minutos (se rehidrata). A continuación se le añade la mantequilla y se trazan rayas con un tenedor para que el cuscús se separe y quede suelto.
- Se sirve la sémola de cuscús en una fuente con la verdura encima y se adorna con un puñado de garbanzos. El caldo de cocer las verduras se sirve en 2 boles, uno con guindillas picadas y otro sin.

CUSCÚS CON CORDERO

€€

INGREDIENTES

- 4 tazas de sémola de cuscús precocinado
- 1 tarro pequeño de garbanzos cocidos
- 4 trozos de carne de cordero sin hueso (½ kg)
- 1 l de caldo de ave
- 2 cebollas pequeñas
- 4 zanahorias
- 4 tallos de apio pequeños
- 400 g de calabaza
- ½ repollo pequeño
- 1 diente de ajo
- 1 cucharadita de pimentón picante
- aceite de oliva
- 1 cucharada de mantequilla (o de aceite)
- sal y pimienta

Se puede pedir al carnicero carne de cordero del cuello, que resulta barata y muy sabrosa.

- Se pelan y trocean las zanahorias en bastones. Se quitan las hebras del apio y se trocean también a lo largo. Se pela la calabaza, se le quitan las semillas y se corta en 4 trozos. Se reserva todo.
- En una olla grande se calientan 3 cucharadas de aceite y se dora el cordero. Se salpimenta y se le añade el diente de ajo bien picado y la cucharadita de pimentón. Se remueve y se incorporan los vegetales. Se vierte el caldo de ave reservando 4 tazas para luego. Se deja cociendo unos 40 minutos hasta que la carne esté tierna.
- Cinco minutos antes de finalizar la cocción se calientan las 4 tazas de caldo en un cazo, se pone la sémola de cuscús en un bol grande y se cubre con el caldo caliente. Se deja 5 minutos hasta que se empape bien. Se le añade la mantequilla y se trazan rayas con un tenedor para que los granos se separen y el cuscús quede suelto.
- Se sirve una montaña de cuscús en una fuente con el cordero y las verduras encima y se adorna con los garbanzos. Se sirve el caldo colado de la cocción en dos boles: uno con guindillas picadas, y el otro sin. Puede ponerse, para quien quiera, salsa harissa (ver p. 41), muy picante, que se vende en tiendas de comida árabe.

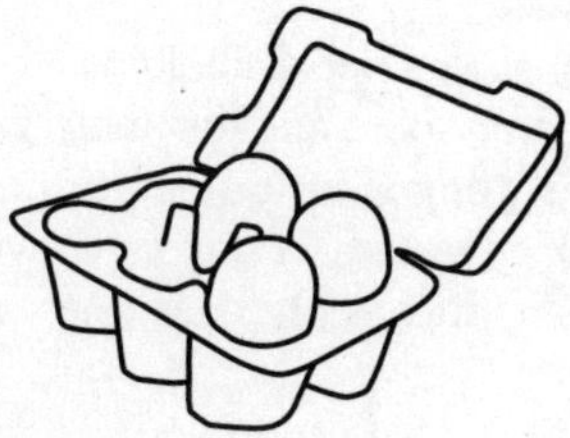

Huevos

El huevo tiene muchas proteínas, y en comparación con la carne y el pescado, es barato. En la clara están las proteínas y en la yema están las grasas y las vitaminas.

Desde siempre el huevo ha sido símbolo de fecundidad. Los filósofos escolásticos ya especularon sobre qué fue antes, si el huevo o la gallina. Parece que fueron los griegos los que empezaron a comer huevos recién puestos en vez de esperar a que se convirtieran en aves. Los romanos los incluían en muchas preparaciones, sobre todo en repostería.

Actualmente se utilizan para todo en la cocina. Se pueden tomar fritos, duros, en molde, pasados por agua, en tortilla, etc. Se utilizan para muchas salsas: mayonesa, tártara, salsa holandesa... En repostería son absolutamente imprescindibles en casi todas las recetas: cremas, crepes, bizcochos, flanes y, por supuesto, helados.

Para diferenciar entre los huevos que han sido puestos por gallinas inmovilizadas en jaulas; gallinas que andan por el suelo aunque sea en un corral; gallinas que picotean y corretean al aire libre, y los de las gallinas ecológicas, hay que leer el primer dígito del código que viene en cada huevo.

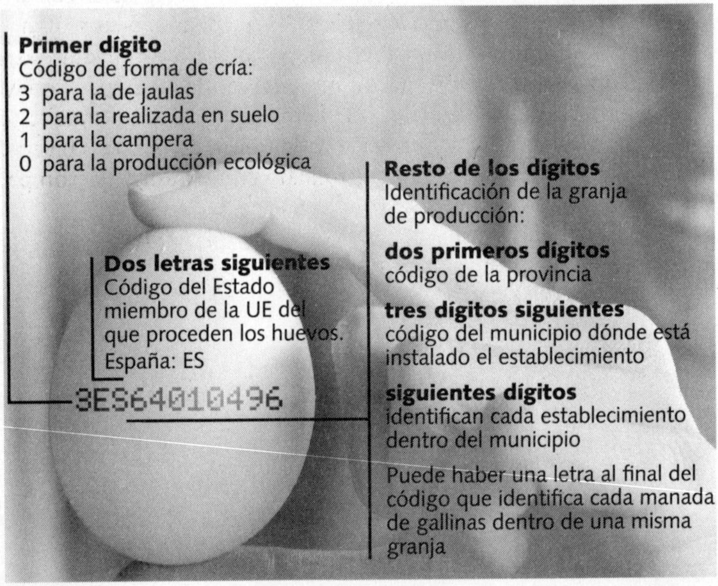

Cómo saber si son frescos

Los huevos deben estar frescos porque, si no, a través de su cáscara porosa pueden contaminarse de bacterias y malos olores. Si no está fresco pierde agua y peso a través de la cáscara, por lo que pesa menos. Si flota al sumergirlo en ½ l de agua salada es que no está fresco, si se hunde es que es muy fresco y si se queda en medio es que tiene 3 días desde que la gallina lo puso. Al cascarlo en un plato, si es fresco la yema se queda en el centro, y si no lo es aparece a un lado y con la yema más plana. Siempre hay que mirar la fecha en la cáscara o en el envase.

Los huevos se conservan en la nevera un máximo de 13 días desde que los puso la gallina. Si están abiertos aguantan 2 días en la nevera. Muchas veces utilizamos para un postre claras de huevo. Las yemas que sobran se conservan mejor en un bol cubiertas de agua. Cuando se vayan a utilizar se tira el agua. Al contrario, cuando utilizamos las yemas y nos sobran las claras, podemos conservarlas en un recipiente de plástico bien cerrado o incluso congelarlas. Sirven para hacer merengue, por ejemplo. Los huevos con cáscara no se pueden congelar porque revientan.

Podemos comprar, además de los huevos de gallina, los de codorniz, que son muy pequeños. Son más difíciles de manipular, pues se rompen con facilidad, pero dan un toque muy bonito a ensaladas, como guarnición o simplemente cocidos con cristales de sal como aperitivo. También podemos encontrar, casi siempre por encargo, huevos de avestruz. Su sabor es muy parecido al de gallina pero resulta divertido cocinar, por ejemplo, 1 huevo estrellado con patatas y jamón para compartir entre 6 personas.

HUEVOS BÁSICOS

Huevos fritos

INGREDIENTES

€

4 huevos
2 vasos de aceite de oliva
¼ de diente de ajo
sal

Mucha gente dice que no sabe ni freír un huevo. Es hora de aprender.

- Se pela el ajo y se pone ¼ en una sartén con el aceite caliente pero no demasiado. Cuando el ajo esté levemente dorado se añaden los huevos uno a uno. Lo mejor es cascarlos con cuidado en una taza y echarlos desde ésta a la sartén. De esta manera es muy difícil que se rompan.
- Se deja que se vaya haciendo y que se forme una especie de puntilla alrededor de la clara. Con una espumadera se va echando un poquito de aceite de la misma sartén sobre la parte de la clara interior y la yema para que cuajen.
- Si el aceite no está suficientemente caliente no se formará puntilla. Para comprobarlo se puede echar un trocito de pan frito; si chisporrotea es que ya está caliente.

Huevos fritos a la plancha

INGREDIENTES

4 huevos
3 cucharadas de mantequilla
sal

Los huevos fritos a la plancha no tienen nada que ver con los huevos fritos en aceite pero también están muy buenos. Es de la manera en que los hacen en Estados Unidos e Inglaterra, y en las cafeterías para hacer sándwiches.

- En una sartén antiadherente o plancha se pone un poco de mantequilla. Cuando esté bien derretida se echan los huevos, uno a uno, y mejor desde una taza.
- Cuando estén dorados se les da la vuelta con una espumadera y se fríen por la otra cara hasta que esté también dorada.
- Se puede servir sobre una rebanada de pan de molde tostada y es muy apropiado para el desayuno.

Huevos cocidos o duros

INGREDIENTES

4 huevos
abundante agua
sal

- Se pone en un cazo abundante agua fría con sal —en el agua hirviendo pueden romperse los huevos al meterlos— para que la densidad del agua aumente y, en caso de que se rompiera algún huevo, la clara no se salga. Se dejan cocer durante 10 u 11 minutos. Se mueven de vez en cuando con una cuchara de madera para que la yema quede en el centro cuando cuaje. Se tira el agua caliente y se enfrían bajo el chorro de agua fría.

- Deben refrescarse con agua fría aunque no vayan a pelarse en el momento, ya que si no se detiene la cocción la yema puede ponerse verdosa. Si esto ocurriera se rocía con unas gotas de limón para que recupere el buen color.
- Se pelan en el momento de usarlos.
- Se pueden cortar en cuartos, por la mitad y rellenarlos de atún con mayonesa, en rodajas y servidos con bechamel, o simplemente enteros con sal.

Huevos escalfados

€

INGREDIENTES

4 huevos
1½ l de agua
2 cucharadas de vinagre o el zumo de ½ limón

Los huevos escalfados tienen más o menos el aspecto de unos huevos fritos poco hechos. Se preparan sin aceite ni mantequilla por lo que no resultan grasos. Son deliciosos con bechamel y geniales con pasta.

- Se pone a hervir el agua con el vinagre o con el zumo de limón. Cuando hierve a borbotones se retira la cazuela del fuego y se agregan los 4 huevos con muchísimo cuidado y siempre desde una taza.
- Se vuelve a poner la cazuela a fuego lento sin dejar que el agua hierva. Se dejan 5 o 6 minutos. Los huevos están listos cuando la clara está cuajada pero levemente jugosa, y la yema líquida y jugosa pero caliente.
- Se debe echar la sal en el plato (no en la cazuela) ya que, al contrario que el vinagre, que comprime el huevo, lo desparramaría por el agua si se echa directamente encima.

TORTILLAS BÁSICAS

Tortilla francesa

€

INGREDIENTES

8 huevos
4 cucharadas de aceite de oliva
sal

La tortilla francesa es muy sencilla, y una buena solución cuando nos apetece cenar algo calentito y simple, o no tenemos mucha hambre.

Resulta deliciosa en bocadillo. A algunas personas les gusta muy jugosa y a otras muy hecha.

Cuando tenemos claras de huevo que nos han sobrado de preparar algún postre, podemos hacer una tortilla francesa de igual manera pero sólo con claras. Las personas que tienen prohibidos los huevos por cuestiones de salud, al no tener las yemas, pueden tomarla.

- Se baten 2 huevos por persona en un bol con un pellizco de sal.
- Se calienta una sartén pequeña antiadherente con 1 cucharada de aceite. Se echan los huevos batidos y con la ayuda de un tenedor se remueve ligeramente el centro para que el líquido cuaje. Cuando la capa de abajo esté cuajada, se va enrollando hacia un extremo de la sartén formando la tortilla.
- La tortilla a las finas hierbas es una tortilla francesa con hierbas aromáticas picadas. Se pueden utilizar hojitas de perifollo, de perejil, o cebollino picado.

Tortilla de queso

INGREDIENTES

8 huevos
200 g de queso emmental rallado (o mozzarella, idiazábal, parmesano, roquefort...)
4 cucharadas de aceite de oliva
sal

€

- Se baten los huevos de dos en dos con sal y el queso rallado.
- En una sartén antiadherente se forma la tortilla procurando hacerla deprisa, sobre todo si son quesos que se derriten fácilmente.
- Si utilizamos roquefort hay que tener cuidado con el punto de sal.

Tortilla de chorizo

INGREDIENTES

8 huevos
150 g de chorizo para guisar
4 cucharadas de aceite de oliva
sal

€

- Se corta el chorizo en dados pequeños. Se pone una sartén al fuego con muy poco aceite —porque el chorizo ya suelta su propia grasa— y se saltean en ella los dados de chorizo.
- Mientras, se baten todos los huevos con muy poca sal y se reservan en un bol grande.
- Cuando el chorizo empiece a dorarse se saca y se mezcla con los huevos.
- Se pone una cucharada escasa de aceite y con un cacillo se vierte un poco de mezcla de huevos y chorizo —como para una tortilla— en una sartén pequeña antiadherente, y se procede como al hacer cualquier tortilla francesa: se va enrollando poco a poco hacia un extremo de la sartén. Y así, hasta tener cuatro.

Tortilla de morcilla de arroz

€ €

INGREDIENTES

8 huevos
¼ kg de morcilla de arroz
5 cucharadas de aceite de oliva
sal

- Se corta la morcilla en rodajas gruesas y se fríen en una sartén con 4 cucharadas de aceite hasta que estén doradas.
- Se sacan, se ponen sobre papel absorbente para eliminar el exceso de grasa, se les quita la piel y se trocean con un tenedor.
- Se baten todos los huevos en un bol y se añade la morcilla.
- En una sartén pequeña antiadherente con 1 cucharada de aceite muy caliente, se echa, con un cacillo, mezcla como para una tortilla. Cuando está medió cuajada, se recoge hacia un extremo de la sartén para formar la tortilla. Y así sucesivamente.
- Es mejor echar la sal al final, pues probablemente no necesite, ya que la morcilla de por sí es bastante salada.

HUEVOS FRITOS CON MIGAS

€

INGREDIENTES

1 barra de pan del día anterior
2 dientes de ajo
60 g de panceta (4 lonchas gruesas)
60 g de chorizo
4 huevos
2 cucharadas de aceite de oliva virgen

Éste es un plato que comían los pastores en Extremadura y en otros lugares donde el invierno es muy frío. A pesar de que es contundente, hay personas que lo toman incluso de desayuno (sobre todo cuando regresan a casa después de haber pasado toda la noche de marcha).

- Se desmiga todo el pan y se pone en una fuente honda. Se echa agua suficiente, poco a poco, hasta que el pan esté húmedo. Se tapa con un paño limpio y se deja reposar de 2 a 3 horas.
- Se cortan en cuadraditos la panceta y el chorizo, y se reservan.
- En una sartén honda o en una cazuela, se pone el aceite y se fríen los ajos picados. Se añaden la panceta y el chorizo. Cuando se doren un poco se añade el pan y se remueve todo sin parar para que no se pegue.
- Las migas están listas cuando están doradas y sueltas.
- Se fríen los huevos (ver p. 169) y se sirven acompañados de las migas.
- Si se quiere se pueden acompañar con uvas, gajos de naranja o tomate. El contraste resulta agradable.

HUEVOS ESTRELLADOS

€

INGREDIENTES

- **4 patatas grandes**
- **4 huevos frescos**
- **aceite de oliva**
- **sal**

No conozco a nadie a quien no le gusten los huevos estrellados. Son huevos fritos a la plancha recién hechos y rotos para que la guarnición de patatas se moje con la yema calentita.

Son ideales para tomar como entrante o para servir en el centro de la mesa y compartir.

- En una sartén se pone bastante aceite a calentar. Se pelan las patatas y se cortan en tiras gruesas (de un dedo más o menos). Se lavan y se dejan en remojo con agua ½ hora para que suelten el almidón. Se secan y se les echa sal. Se fríen en aceite bien caliente pero no demasiado, por tandas; se sacan y se reservan.
- Se quita la mayor parte del aceite de la sartén y se fríen los huevos por tandas, vuelta y vuelta, como si se prepararan a la plancha, con cuidado de no hacerlos más de la cuenta (la yema debe estar líquida).
- Una vez fritos los huevos, se vuelcan sobre las patatas, se cortan y se salan.
- Se sirven de inmediato.
- Se pueden añadir lonchas de jamón, pimientos del padrón fritos con sal, unos trozos de morcilla frita, chorizo, etcétera.

TORTILLA DE PATATAS

€

INGREDIENTES

6 huevos
1 kg de patatas escaso
½ l de aceite
sal

- Se pelan las patatas, se lavan y se secan. Se parten en rodajas finas a lo largo. Se calienta el aceite en una sartén y se fríen. Se sacan y se dejan escurriendo en un colador grande. Se quita el aceite sobrante de la sartén.
- En un bol grande se cascan los huevos y se baten. Se echa un poco de sal y se añaden las patatas. Se mezcla todo.
- En una sartén grande, antiadherente, se ponen 2 cucharadas de aceite. Cuando está caliente se vierte la mezcla de huevos y patatas. Se menea sujetando la sartén por el mango para que no se pegue. Cuando se ve que por los lados está dorada, que empieza a cuajar (a cada cual le gusta más o menos jugosa) y se despega del fondo, se pone una tapadera o un plato llano encima, se vuelca la sartén de modo que la tortilla quede en el plato, y se pasa despacio la tortilla a la sartén por el otro lado. Se mueve con el mango un poquito más y cuando esté cuajada (y más o menos dorada, al gusto) se pone en un plato grande o en una fuente redonda.
- Hay una discusión eterna sobre si la tortilla de patatas está más rica con o sin cebolla. Sobre gustos no hay nada escrito. Para hacerla con cebolla se añadirá 1 cebolla, o 2 pequeñas, cortada en aros finos. Se fríe junto con las patatas 4 o 5 minutos antes de que éstas estén fritas del todo (si se pone la cebolla a la vez que las patatas pueden quemarse porque necesitan menos tiempo).

TORTILLA DE PATATAS EN SALSA RUBIA

€

INGREDIENTES

6 huevos
1 kg de patatas escaso
½ l de aceite
sal

Para la salsa rubia:
½ cebolla
4 cucharadas de aceite de oliva
½ vaso grande de vino blanco
2 vasos grandes de caldo de ave (o ½ pastilla disuelta en agua)
1 cucharada de harina
4 cucharadas de perejil fresco picado
pimienta blanca
1 clavo de olor
sal

- Se prepara la tortilla igual que en la receta anterior, pero a la hora de cuajarla se hacen 4 tortillas individuales en una sartén antiadherente pequeña.
- Para la salsa rubia, se pica bien la cebolla. En una cazuela grande donde quepan las tortillas se calienta el aceite y se rehoga (a fuego lento) la cebolla.
- Cuando está blanda y antes de que se dore se echa la harina y se rehoga hasta que tome color.
- Se añaden el vino y el caldo y se salpimenta. Se espolvorea el perejil picado y se deja cocer a fuego suave unos 15 minutos.
- Los últimos 3 minutos se introducen las tortillas de patatas cuajadas para que se impregnen del sabor de la salsa y estén bien calientes.

HUEVOS REVUELTOS CON CALABACINES

INGREDIENTES

€

4 o 6 huevos
2 calabacines medianos
2 cucharadas de aceite de oliva
1 diente de ajo
4 cucharadas de nata líquida para cocinar
sal
pimienta

- Se cortan los calabacines lavados y con piel en láminas muy finas con la ayuda del pelapatatas y se reservan.
- Se baten los huevos en un bol y se les añade la nata líquida.
- Se dora el ajo bien picadito en una sartén grande con el aceite y se añaden los calabacines. Se saltean a fuego fuerte durante 3 minutos sin dejar de remover. Se añade la sal.
- Se agregan los huevos batidos y la nata, y, en vez de recogerlo como una tortilla francesa, se le va dando vueltas con una cuchara de madera.
- Cuando empiecen a cuajar se retiran del fuego. El resultado es un revoltijo, que es como son los huevos revueltos.
- Se sirven inmediatamente.

HUEVOS REVUELTOS CON ESPÁRRAGOS Y GAMBAS

€

INGREDIENTES

4 o 6 huevos
1 manojo de espárragos trigueros (o un tarro)
100 g de gambas (frescas o congeladas)
1 diente de ajo
2 cucharadas de aceite de oliva
sal

Primavera y verano es la temporada de los espárragos trigueros. En las otras estaciones, podemos comprarlos en conserva.

- Se compran espárragos trigueros pequeños, que son los que menos hebras tienen. Se pelan desde la punta hacia abajo con un pelapatatas y se corta y se desecha la base del tallo, que es correosa. Se cortan las puntas y los tallos en rodajitas. Si son de tarro se escurren muy bien antes de cortarlos.
- Se pelan las gambas y se congelan las cáscaras y las cabezas. Si son congeladas se descongelan previamente a temperatura ambiente. Se reservan.
- Se pica el ajo y se fríe en una sartén con el aceite y los espárragos. Cuando estén fritos, se añaden las gambas peladas y se remueve un poco a fuego vivo y muy rápido, pues las gambas se hacen enseguida.
- Se añaden los huevos batidos con sal y se remueven con una cuchara de madera hasta que cuajen un poco. Lo importante es que queden jugosos.
- Se sirven bien calientes.

HUEVOS DUROS RELLENOS DE ATÚN CON MAYONESA

€

INGREDIENTES

6 huevos
1 o 2 latas de atún
4 cucharadas de ketchup
2 vasos grandes de mayonesa

- Se puede utilizar mayonesa de tarro o hacerla uno mismo (ver p. 26).
- Se preparan los huevos duros según la explicación de la p. 170.
- Se cortan por la mitad longitudinalmente. Se sacan las yemas y se introducen en un bol, reservando 2 para luego rallarlas y utilizarlas de adorno. Se añade al bol el atún en conserva escurrido, el ketchup y 3 cucharadas de mayonesa. Se mezcla bien con un tenedor hasta que quede una pasta homogénea.
- A las claras de los huevos se les corta un trocito, una rodajita, para hacerles una base plana, ya que si no se balancean. Se rellenan con la pasta.
- Se cubre cada mitad de huevo con 1 cucharada de mayonesa y se ponen en una fuente. Se rallan las yemas por la parte gruesa de un rallador directamente sobre los huevos.

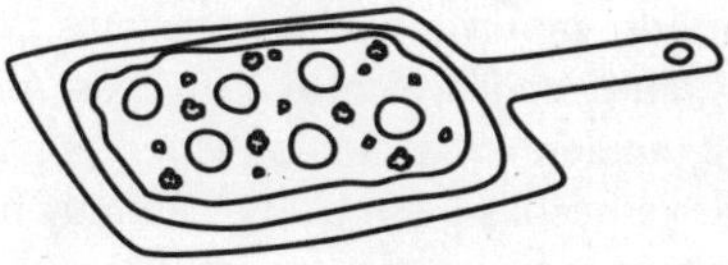

Masas: pizzas, empanadas y tartas saladas

No hay que tener miedo a las masas. Mucha gente se defiende bien en la cocina pero piensa que hacer una masa es algo muy difícil y no se atreven a dar el paso. Es un error, pues hay masas, como la de la pizza, que son muy fáciles y cómodas de hacer en casa.

En este apartado vamos a hablar de recetas saladas como las pizzas, empanadas, empanadillas, cocas y quiches. Algunas masas, como la de hojaldre, sí requieren más tiempo y pericia para hacerlas, pero se pueden comprar ya hechas y también están muy buenas.

Lo que tienen en común todas las masas saladas son los ingredientes: harina y agua. Pero existen muchos tipos.

Cualquier receta elaborada con masa resulta muy apetecible, casera y, sobre todo, barata. Hay que tener en cuenta que los ingredientes son los más económicos de nuestra despensa.

- **Pan**: La masa de pan (masa-levadura) se hace con agua, harina, sal y levadura. Se prepara con levadura fresca (de panadero), que se compra en las panaderías. Es una masa húmeda de color un poco gris y de olor ácido. Está viva aunque no lo notemos, por lo que no dura más de 8 días a temperatura ambiente. Se puede congelar en trocitos pequeños (tamaño de una nuez) para utilizarla cuando queramos. La levadura sigue un proceso de fermentación, por el que las masas crecen. Cuando se mezcla con la harina y el agua debe reposar a una temperatura suave alta (cerca del horno o de un lugar caliente), entonces sus células se multiplican y hacen crecer la masa. Si la temperatura ambiente es baja, tardan más.
- **Masa para empanada**: Hay muchos tipos de masa para empanadas y varían según la región. Todas llevan harina, sal, agua y grasa (sea aceite o manteca). Pueden llevar también levadura prensada, vino blanco, leche, etc. Las empanadas constan de dos porciones de masa y el relleno en medio. La empanada gallega es de las más afamadas.
- **Masa para cocas**: La masa de las cocas es muy parecida a la de las empanadas y siempre incluye grasa de cerdo. El aspecto es el de la pizza, pues los ingredientes de la guarnición, en vez de servir de relleno como en la empanada, van colocados sobre una capa fina de masa. Las cocas son de origen mallorquín. Se prepara amasando harina mezclada con levadura en polvo, agua, sal, un chorrito de aceite y la manteca de cerdo. Se deja fermentar 1 hora y se hornea.
- **Masa para pizzas**: La masa de las pizzas es muy parecida a la masa de pan, pues se prepara con agua, harina y levadura enriquecida con

aceite o manteca. Se deja reposar para que fermente y doble su volumen, se amasa y se forma un círculo de ½ cm de grosor, levantando una pizca los bordes con los dedos. Se rellena y se hornea.

- **Masa para hojaldres**: Es una de las masas más famosas del mundo. Se caracteriza por sus capas finísimas. Es muy laboriosa de hacer, pues hay que amasar y plegar, volver a amasar y volver a plegar... En las tiendas se comercializan masas de hojaldre congeladas y refrigeradas que dan muy buenos resultados. Sirve para hacer pequeñas tartaletas rellenas y milhojas.
- **Masa para quiches**: La masa para preparar una quiche, esas preciosas tartas circulares de espinacas, queso, espárragos... se llama masa «quebrada» o masa «brisa». Se hace poniendo el doble de harina que de mantequilla, una pizca de sal y agua fría. Algunas personas añaden 1 huevo por cada 100 g de harina. Hay que amasarla muy poco (al contrario que las masas para pan o pizza) porque no debe quedar elástica. Se mezcla todo en un bol y se trabaja. Después se forma una bola sobre una superficie. Se envuelve en papel de plástico (film) de cocina y se deja reposar 30 minutos en un lugar fresco o nevera. Luego se estira con un rodillo.
- **Pasta filo**: Es un tipo de masa muy fina, casi transparente, que una vez horneada o frita tiene una textura crujiente muy característica. Se cree que su origen es griego, aunque otros la sitúan en el Medio Oriente. Como casi todas las masas, está elaborada con harina común, aceite, sal y agua, básicamente, y se utiliza en especial para repostería, aunque también se puede emplear rellena de preparaciones saladas. La masa filo se puede comprar en grandes superficies, aunque siempre podemos elaborarla en casa; lo malo es que da mucho trabajo, ya que hay que dejarla tan fina como una hoja de papel.
- **Pasta brick**: También se llama «crep tunecina». La masa es de consistencia elástica y está hecha con sémola hervida en agua. Posteriormente se cuece con aceite de oliva según una técnica muy delicada. Es preferible comprarla hecha. Suele estar en la sección de productos refrigerados y viene en grandes láminas circulares.
- **Pasta de won ton**: Se utiliza mucho en la cocina china. La masa se hace con huevo, harina, agua y sal. Se puede comprar en láminas y rellenar, y tomarse frita o al vapor.

Masa para todas las pizzas

€

INGREDIENTES

½ kg de harina
1 vaso grande de agua
15 g de levadura fresca (de panadería)
½ cucharada de sal
2 cucharadas rasas de aceite de oliva

Si pensásemos en la cantidad de dinero que se ahorra haciendo la pizza en casa no volveríamos a recurrir a las industriales; todos aprenderíamos a hacerla. Es bien fácil. Muchas veces con restos de hortalizas que tenemos en la nevera y un poco de queso podemos preparar pizzas deliciosas. La masa también se comercializa ya hecha.

La levadura fresca no tiene ningún secreto. En todos los barrios hay alguna panadería donde la venden o, como ellos mismos la utilizan para hacer el pan, de paso la comercializan. También la venden congelada. Suele venir en bloques rectangulares de ¼ de kg. Nosotros podemos cortarla en trozos pequeños y congelarla en porciones para ir utilizándola cuando la necesitemos.

- Se diluye en el agua el trocito de levadura sin necesidad de descongelar. Tarda unos 5 minutos en disolverse. En un bol se mezclan la harina, el agua con la levadura, la sal y el aceite. Se amasa con las manos hasta formar una pasta. Se pasa a una superficie limpia y lisa (mármol o encimera) untada con un poco de aceite. Se amasa con las manos, con fuerza y decisión, de 5 a 10 minutos.
- Se deja reposar (como todas las masas con levadura) en un lugar caliente y tapada con un trapo húmedo durante 1 hora. También se puede meter en la nevera durante 24 horas en vez de la hora de calor.
- Se estira la masa con un rodillo (los italianos lo hacen con los puños, pero es muy difícil) sobre una superficie con un poco de harina porque si no se pega. Se le da la forma característica circular de las pizzas.
- Se ponen encima los ingredientes que se hayan elegido y se mete en el horno, precalentado a 230°, durante 10 minutos.

PIZZA MARGARITA

€

INGREDIENTES

Masa para pizzas (ver receta p. 186)
6 tomates
150 g de queso mozzarella
unas hojas de albahaca fresca
azúcar
aceite de oliva virgen extra
pimienta negra recién molida
sal

Esta pizza, aunque bien sencilla y barata, es la reina de las pizzas en Nápoles. A los italianos les parece una barbaridad hacer pizzas con jamón de York mezclado con piña... Es mejor siempre algo bueno y sencillo que algo rebuscado y de sabores dudosos.

- Se escaldan los tomates (se meten en agua hirviendo 1 minuto) con un corte en cruz en un extremo. Se sacan y se dejan enfriar bajo el chorro de agua fría 2 minutos. Se pelan con los dedos.
- Se cortan los tomates en cuartos y se meten en el horno (siempre precalentado 10 minutos) a 200° para asarlos con un poco de azúcar, sal y aceite de oliva durante 15 minutos.
- Mientras, se estira la masa de pizza con el rodillo y se le da forma circular elevando un poco el borde con los dedos para evitar que se derrame el relleno. Se ponen encima los cuartos de tomate hasta cubrir casi toda la superficie de masa. Se echa por encima la mozzarella en trozos pequeños, las hojas de albahaca enteras o picadas, un poco de pimienta negra recién molida, y se mete en el horno a 230° durante 10 minutos o un poquito más.
- Al servirla se riega con un chorro de aceite de oliva virgen extra.

PIZZA DE TOMATE, BEICON Y GUINDILLAS

€

INGREDIENTES

Masa para pizzas (ver receta p. 186)
4 tomates
½ diente de ajo
6 lonchas de beicon
1 guindilla fresca
1 cucharada de orégano seco

- Se escaldan los tomates durante 1 minuto, se sacan y se refrescan bajo el chorro de agua fría. Se les quita la piel, se retiran el corazón y las semillas, pues soltarían demasiada agua, y se cortan a dados. Se reservan en un bol.
- Se parte la guindilla en dos mitades y luego en rodajitas muy finas, y se añade al tomate. Se echa un poco de pimienta negra recién molida y el ½ diente de ajo majado (aplastado con el mango del cuchillo). Se añade el orégano y un chorro de aceite de oliva, y se mezcla bien.
- Se estira con un rodillo la masa de pizza y se le da forma dejando los bordes más gruesos. Se esparce la mezcla por encima y se añade una pizca de sal (muy poca porque el beicon ya es salado). Se añade el beicon cortado en tiritas a lo ancho.
- Se mete en el horno, precalentado a 240°, durante 10 minutos.

PIZZA DE CUATRO QUESOS

€

INGREDIENTES

Masa para pizzas (ver receta p. 186)
50 g de queso emmental
50 g de queso roquefort
50 g de queso mozzarella
50 g de queso idiazábal (u otro ahumado)
⅔ de vaso grande de salsa de tomate
aceite de oliva

Esta pizza es sencillísima de hacer. Se puede preparar con salsa de tomate casera (ver p. 30) o con salsa de tomate frito en conserva, que debe ser de calidad y lo más natural posible.

- Se estira la masa con un rodillo en una superficie enharinada para que no se pegue y se deja bien fina para que resulte crujiente. Se le da forma circular o la que se desee (porque a veces se prefiere aprovechar la forma rectangular del horno).
- Se cubre con la salsa de tomate y por encima se ponen los cuatro quesos cortados en trozos en 4 montones, sin mezclarlos. No necesita sal porque la salsa ya lleva y los quesos son salados. Se espolvorea con un poco de orégano seco y se mete en el horno, precalentado a 230°, durante 10 minutos.
- Al sacarla se le añade un poco de aceite de oliva virgen.

PASTELLA DE POLLO MARROQUÍ

(Para 8 personas)

€€€

INGREDIENTES

5 láminas grandes y redondas de pasta brick
1 pollo de corral entero
5 cebollas
½ kg de almendras
1 ramita de perejil
½ cucharadita de café de canela en polvo
2 cucharaditas de agua de azahar
½ vaso de aceite de oliva
unas hebras de azafrán
½ cucharada de pimienta
sal
8 huevos
200 g de azúcar, azúcar glas y canela para decorar
mantequilla
miel

Ésta es una de las tartas saladas más deliciosas del mundo. La mezcla del pollo con canela, agua de azahar, azúcar y almendras es un lujo oriental. La primera vez que la hagamos posiblemente no nos quede perfecta de forma, pero es cuestión de practicar; y de sabor estará deliciosa.

La pasta brick se puede comprar refrigerada en grandes superficies. Viene en láminas con papel encerado. Hay que utilizarlas nada más abrirlas para que no se resequen.

- En una cacerola grande a fuego medio se mezcla bien el pollo entero con aceite de oliva, sal, el azafrán, las cebollas picadas, la canela y la pimienta. Se añade 1 litro de agua y se deja cocer ½ hora. Se añade el perejil picado en los últimos 5 minutos de cocción.
- Se saca el pollo y se deshuesa en trozos pequeños cuando no queme.
- El contenido de la cacerola se deja a fuego lento destapado hasta que reduzca la salsa (se evapore líquido) y se van echando uno a uno los huevos, removiendo constantemente. Se retira del fuego cuando se haya evaporado el agua por completo.
- En una sartén se fríen un poco las almendras en su propia grasa con cuidado de que no se quemen; después se trituran mezclándolas con el agua de azahar (se puede comprar en la zona de repostería de las grandes superficies).
- Se unta un molde de horno redondo de repostería de mantequilla y se extienden 5 láminas de pastella, que deben sobresalir. Se

untan también de mantequilla fundida y se pone otra hoja en medio, en la base del molde, para contener bien el relleno. Se tapiza con la mezcla de huevos y cebolla, y se echan los trozos de pollo encima. Se unta de mantequilla una vez más y se añaden las almendras como tercera capa.

- Se pliegan los sobrantes de las láminas de pastella hasta cubrirla totalmente y se pone una última hoja como tapa a fin de soldar la parte superior de la tarta y esconder los pliegues. Se unta por última vez de mantequilla y se mete en el horno, precalentado a 180°, durante 30 minutos (hasta que tenga un color dorado).
- Antes de servir, se unta la pastella con miel y se decora espolvoreándola con trocitos de almendras, azúcar glas y canela, en forma de rayas o como uno quiera.

QUICHE DE BEICON Y QUESO

(Para 6 u 8 personas)

€

INGREDIENTES

Para la masa:

250 g de harina	**sal**
125 g de mantequilla	**2 cucharadas de agua**
1 huevo	

Para el relleno:

2 lonchas de beicon	**1 vaso grande de leche fría**
50 g de queso gruyer en lonchas finas	**1 vaso grande de nata líquida**
	50 g de queso gruyer rallado
2 huevos	**sal**

Las quiches son tartas saladas de masa quebrada. Son fáciles de hacer y tienen siempre mucho éxito entre los comensales. Si no nos apetece preparar la masa quebrada o tenemos mucha prisa, se puede comprar congelada.

- En un bol se mezclan la harina con una pizca de sal, la mantequilla, el huevo y el agua templada. Se amasa rápido y se forma una bola. Se envuelve en plástico de cocina y se deja reposar en la nevera ½ hora.
- Se cortan las lonchas de beicon en tiras a lo ancho y se reservan.
- Se saca la masa de la nevera, se extiende con un rodillo en una superficie enharinada. Se forra un molde de repostería (de fondo móvil) de 22 cm de diámetro (siempre deberíamos tener uno). Se pincha el fondo de la masa y se cubre con las tiras de beicon y las lonchas de queso gruyer.
- Se cuece en el horno, precalentado a 175°, durante 10 o 15 minutos.
- Mientras, se baten los huevos, se salan y se mezclan bien con la nata y la leche.
- Cuando la tarta esté lista se vierte la mezcla dentro, se espolvorea con el queso rallado y se cuece en el horno, precalentado a 175°, durante 30 minutos (hasta que la superficie esté dorada).

QUICHE DE POLLO

(Para 6 u 8 personas)

€€

INGREDIENTES

Para la masa:

250 g de harina
125 g de mantequilla
1 huevo
1 pizca de sal
2 cucharadas de agua

Para el relleno:

250 g de pechuga de pollo
4 cebolletas
50 g de jamón
3 huevos
1 vaso de nata líquida
2 cucharadas de queso gruyer rallado
1 vaso de leche
2 cucharadas de aceite de oliva
sal
pimienta
½ vaso grande de agua

- En un bol se mezclan la harina con una pizca de sal, la mantequilla, el huevo y el agua templada. Se amasa rápido y se forma una bola. Se envuelve en plástico de cocina y se deja reposar en la nevera ½ hora.
- Se saca y se extiende con un rodillo en una superficie enharinada. Se forra un molde de repostería (de fondo móvil) de 22 cm de diámetro (siempre deberíamos tener uno). Se pincha el fondo de la masa y se ponen unos garbanzos secos encima para que el peso evite que suba la masa al cocer. Se cuece en el horno, precalentado a 175°, durante 10 o 15 minutos.
- Mientras, se cortan las cebolletas en aros finos y se doran en el aceite a fuego medio. Se añaden las pechugas, se doran también y se añade el vaso de agua.
- Cuando se haya consumido el agua se retiran. Se cortan las pechugas en tiras finas a lo ancho y se ponen en un bol con las cebolletas. Se añade el jamón cortado en dados pequeñitos. Se incorporan a la mezcla los huevos batidos, la nata y la leche. Se salpimenta y se añade el queso rallado.
- Se vierte la mezcla dentro de la tarta y se cuece en el horno, precalentado a 175°, durante 30 minutos (hasta que la superficie esté dorada).

QUICHE DE SALMÓN Y ESPÁRRAGOS TRIGUEROS

(Para 6 u 8 personas)

€€

INGREDIENTES

Para la masa:

250 g de harina
125 g de mantequilla
1 huevo
1 pizca de sal
2 cucharadas de agua

Para el relleno:

100 g de salmón ahumado
1 manojo de espárragos trigueros
4 huevos
250 g de puerros (1 puerro grande)
8 cucharadas de nata líquida para cocinar
1 cucharada de mantequilla
sal y pimienta

- En un bol se mezclan la harina con la sal, la mantequilla, el huevo y el agua templada. Se amasa rápido y se forma una bola. Se envuelve en plástico de cocina y se deja reposar en la nevera ½ hora.
- Se saca y se extiende con un rodillo en una superficie enharinada. Se forra un molde de repostería (de fondo móvil) de 22 cm de diámetro (siempre deberíamos tener uno así). Se pincha el fondo de la masa y se ponen unos garbanzos encima para que el peso haga que no suba la masa al cocer. Se cuece en el horno, precalentado a 175 °C, durante 10-15 minutos.
- Mientras, se limpian bien los puerros bajo el chorro de agua para que no tengan nada de arenilla y se cortan en rodajas finas. Se rehogan con la mantequilla a fuego suave durante 15 minutos. Se pelan bien los espárragos de abajo arriba cortando las bases correosas de los tallos y quitándoles las hebras pero dejándolos enteros. Se echan en agua hirviendo y se cuecen 3 minutos. Se escurren y se reservan.
- En un bol se baten los huevos y se añaden la nata y los puerros. Se echa un poco de sal y se vierte la mezcla en la tarta. Se adorna con los espárragos en forma de estrella y se ponen por encima trozos de salmón cortados en cuadrados pequeños. Se cuece en el horno a 175 °C durante 20 minutos.

WONTONS DE CERDO CON JENGIBRE

(Para 6 u 8 personas)

€€

INGREDIENTES

Para 25 unidades:

250 g de carne picada de cerdo
25 láminas de pasta para wonton de 7 cm más o menos
60 g de col
½ cucharada de salsa de soja
½ cucharadita de vino blanco de arroz
½ cucharadita de aceite de sésamo
1 cucharadita de jengibre fresco picado
1 cebolleta
pimienta blanca
sal

Para la salsa de soja y jengibre:

1 cucharada de salsa de soja
1 cucharada de vinagre de arroz
1 cucharada de jengibre fresco picado
½ cucharadita de azúcar

Las láminas de pasta para wonton (empanadillas chinas), de forma redonda, se compran en cualquier tienda de productos orientales.

- Se prepara la salsa de soja y jengibre mezclando bien todos los ingredientes.
- Se sala la carne y se mezcla con la salsa de soja. Se remueve bien y se añade el vino de arroz y el aceite de sésamo. Se sigue removiendo hasta formar una pasta espesa. Se cubre y se deja reposar 20 minutos.
- Se pica la col muy fina (*brunoise*). Se sala para que suelte el agua. Se añade el jengibre picado, la cebolleta también muy picada y un poco de pimienta blanca. Se amasa bien hasta que forme una pasta espesa (unos 5 minutos). Se mezcla con la carne.
- Se pone 1 cucharada de relleno en el centro de cada lámina de pasta. Se humedecen los bordes con agua y se juntan para sellar las láminas formando 2 o 3 pliegues (se pegan muy fácilmente).

- Se pone 1 l o más de agua en una olla grande y se lleva a ebullición. Se pueden echar todas las láminas a la vez removiendo con cuidado para que no se peguen entre sí. Se tapa y se deja hirviendo durante 2 minutos.
- Se destapa la olla y se añade 1 vaso de agua. Cuando vuelva a hervir se tapa y se deja 2 minutos más.
- Se sacan las láminas con una espumadera y se sirven calientes acompañadas de un bol con la salsa de soja y jengibre. Quedan blancas y blanditas, semitransparentes.

ROLLITOS DE PRIMAVERA

€

INGREDIENTES

Para 12 unidades:

12 láminas de pasta para rollitos de primavera
3 setas chinas deshidratadas
150 g de carne de cerdo picada
1 cucharadita de aceite de cacahuete o vegetal
1 cucharadita de salsa de soja oscura
50 g de brotes de bambú de lata
50 g de gambas crudas
100 g de brotes de soja
½ cebolleta
1 clara de huevo
aceite de girasol para freír
sal

- Se remojan las setas en agua caliente para hidratarlas durante 20 minutos. Se estrujan para eliminar el exceso de agua y se cortan en láminas finas, desechando los tallos correosos. Si las gambas son congeladas se descongelan a temperatura ambiente; se pican y se reservan. Se pica muy bien la cebolleta y se reserva también.
- En una sartén honda se calienta el aceite de cacahuete y se saltea (sofreír rápido) a fuego vivo la carne hasta que cambie de color. Se añade la salsa de soja, el bambú, las setas y un pellizco de sal. Se remueve durante 3 minutos, se incorporan las gambas y se saltea todo 2 minutos más. Se añaden los brotes de soja, se saltea sólo 1 minuto más y se retira del fuego. Inmediatamente se añade la cebolleta muy picada y se deja enfriar.
- Se pone 1 cucharada de relleno sobre la parte inferior de una lámina de masa y se enrolla de modo que el relleno quede bien apretado. Los extremos se doblan un poquito para meterlos hacia dentro y se sigue enrollando. Debe medir de largo 8 cm más o menos. Se sella con clara de huevo ligeramente batida.
- Una vez formados todos los rollitos, se pone abundante aceite de girasol a calentar en una sartén honda o wok, y cuando el aceite esté lo suficientemente caliente (se sabe si se echa un dado de pan y se dora en 30 segundos), se introducen los rollitos por tandas y se fríen hasta que se vean dorados (5 minutos más o menos).
- Se ponen sobre papel absorbente para quitar el exceso de grasa y se sirven.

WONTONS DE CANGREJO CRUJIENTES

€€

INGREDIENTES

Para 25 unidades:

25 láminas de pasta para wonton cuadradas
175 g de carne blanca de cangrejo congelada
1 cebolleta
1 cucharada de fécula de maíz
1 guindilla roja fresca
1 cucharadita de salsa de soja clara
½ cucharadita de zumo de lima
1 cucharadita de jerez seco
1 lima o limón en rodajas (para decorar)
aceite de girasol para freír

- Se mezclan en un bol la carne de cangrejo descongelada y deshilachada, la guindilla y la cebolleta muy picadas, la fécula de maíz, el jerez, la salsa de soja y el zumo de lima.
- Se extienden varias láminas de wonton en una superficie plana y se coloca un poco de relleno en el centro de cada una.
- Se humedecen los bordes y se doblan hasta formar triángulos. Se doblan los dos extremos puntiagudos hacia el centro, se humedecen con un poco de agua para sujetarlos y se pellizcan para sellarlos (se pegan fácilmente).
- Se calienta abundante aceite de girasol en una sartén grande y cuando está suficientemente caliente (se ve si un dado de pan se dora en 30 segundos) se fríen los wontons por tandas durante 2 o 3 minutos. Es importante hacerlo por tandas, porque si se fríen a la vez el aceite se enfría y quedan blandengues y aceitosos.
- Se sacan de la sartén con una espumadera y se escurren sobre papel de cocina absorbente para eliminar el exceso de aceite.
- Se sirven bien calientes y se adornan con rodajas de lima o limón.

EMPANADA GALLEGA DE CARNE

(Para 6 personas)

€€

INGREDIENTES

Para la masa:

350 g de harina	**1 huevo**
10 cucharadas de aceite	**1 cucharadita de pimentón dulce**
10 cucharadas de agua	**sal**

Para el relleno:

350 g de magro de cerdo	**3 cucharadas de salsa de tomate**
100 g de jamón serrano	**5 cucharadas de aceite**
150 g de chorizo	**sal**
1 cebolla grande	**1 huevo**

Esta receta de empanada tiene la ventaja de hacerse muy rápido, pues no lleva levadura.

- En un bol se pone la harina con el pimentón y la sal. Se calienta el aceite en una sartén hasta que empiece a humear. Se retira del fuego y se echa de golpe la harina. Se remueve con una cuchara de madera y se agrega el agua.
- En una mesa o superficie enharinada para que no se pegue la masa, se echa la mezcla y se amasa hasta conseguir una textura homogénea. Se forma una bola, se envuelve en un paño húmedo y se deja enfriar.
- Mientras, se prepara el relleno. Se pica la cebolla y se cortan la carne de cerdo, el jamón y el chorizo en dados.
- Se pone el aceite en una sartén y se fríe la cebolla a fuego medio. Cuando esté blanda se añaden las carnes y se rehogan unos 4 minutos. Después se incorpora la salsa de tomate y se remueve unos minutos más. Se reserva.
- Se extiende la masa sobre una superficie enharinada y se trabaja con el rodillo para que quede muy fina. Se engrasa un molde (se pasa un papel absorbente impregnado de aceite por el fondo y los bordes), a ser posible de fondo movible, y se forra con la mitad de la masa, dejando que sobresalga por los bordes. Se reservarán trocitos pequeños de masa que sobren para adornar al final.

- A continuación se echa dentro el relleno, se sala y se cubre con la otra mitad de masa extendida. Se recortan y doblan los bordes enrollándolos. Se adorna con palitos de masa cruzados, bolitas...
- Se bate el huevo y se pinta con un pincel la empanada para que tome un bonito color cuando se hornee.
- Se mete en el horno, precalentado a 180°, durante 40 minutos.

EMPANADA DE HOJALDRE CONGELADO CON ATÚN Y TOMATE

€€

INGREDIENTES

- **400 g de hojaldre congelado**
- **1 lata grande de tomate natural entero y pelado**
- **1 lata de pimientos rojos grandes**
- **3 latas de atún en aceite de oliva**
- **2 cebollas grandes**
- **1 o 2 huevos**
- **aceite de oliva**

- Se saca el hojaldre del congelador y se deja descongelar a temperatura ambiente siguiendo las instrucciones del fabricante (normalmente ½ hora). Se trabaja sobre una superficie dándole primero unos golpes y se extiende con un rodillo a lo largo y a lo ancho para afinarla.
- Se corta según la forma del molde de manera que salgan dos porciones iguales. Se reservan los recortes de masa sobrantes para adornar.
- Se engrasa un poco el molde y se forra con la mitad de la masa, dejando que sobresalga por los bordes. Se pincha ligeramente con un tenedor varias veces haciendo agujeritos que no lleguen a tocar el molde. Se mete en el horno, precalentado a 180°, durante 10 minutos.
- Mientras, se prepara el relleno. Se pican las cebollas muy finas y se rehogan a fuego lento en aceite. Se añaden los tomates en trozos y los pimientos cortados en tiras, y se deja cocer 1 hora a fuego lento. Se deja enfriar.
- Se rellena el hojaldre poniendo una capa de tomate con pimientos y otra de atún en aceite previamente escurrido, por encima, bien repartido. Se cubre con la otra mitad de la masa y se cierran bien los bordes, que se pueden sellar con un poco de agua. Se adorna con los trocitos de masa sobrantes y se pinta toda la superficie con un pincel con huevo batido.
- Se vuelve a meter en el horno, precalentado a 180°, durante 15 minutos más o menos. Después se pone a gratinar 5 minutos más, para que quede bien dorada.

EMPANADILLAS DE QUESO BRIE AL HORNO

€

INGREDIENTES

12 obleas para empanadillas
¼ kg de queso brie
1 o 2 huevos
un puñado de nueces (opcional)

Estas empanadillas se preparan muy rápido con obleas de empanadillas que se comercializan en cualquier tienda de comestibles. Se pueden cocinar fritas, como es lo habitual, pero si queremos ahorrar aceite y, sobre todo, calorías, podemos hacerlas en el horno.

- Se extienden las obleas para empanadillas y se rellenan con un trozo de queso brie o similar. Si se quiere, se pueden triturar unas nueces y espolvorear el relleno de queso con ellas.
- Se dobla para cubrirlo en forma de media luna dejando 1 cm alrededor del relleno. Se aprieta bien el perímetro exterior para sellarlo y se aplastan con un tenedor justo en los extremos de los bordes.
- Se pintan con huevo batido para que tomen un bonito color al hornearse, y se meten en el horno, precalentado a 180°, hasta que estén doradas.

EMPANADILLAS DE CARNE

Para 30 unidades con la masa hecha en casa

€

INGREDIENTES

Para la masa:

300 g de harina
25 g de mantequilla
3 cucharadas de aceite
1 huevo
½ vaso de agua grande
sal

Para el relleno:

1 cebolla mediana
¼ kg carne de vaca picada
aceite de oliva

- Se pone a calentar en una cacerola el agua, la mantequilla, una pizca de sal y el aceite. Cuando está a punto de hervir se retira del fuego y se echa de golpe la harina. Se remueve y se añade el huevo. Se amasa en la misma cacerola con una cuchara de madera. Se saca la masa, se forma una bola y se deja enfriar envuelta en un paño limpio durante ½ hora.
- Mientras, se hace el relleno. Se pica la cebolla y se rehoga lentamente en 2 cucharadas de aceite. Se añade la carne picada y se rehoga hasta que pierda el color rosado. Se escurre si ha soltado agua o tiene mucha grasa.
- Se pone la bola de masa en una superficie enharinada y se estira con el rodillo hasta que esté muy fina. Hay unas ruedas especiales para cortar masa para empanadillas, pero se puede hacer con un vaso de borde fino. Se corta la pasta en forma de círculos, se rellenan con un poco de carne, se forman medias lunas dejando 1 cm alrededor del relleno y se sellan apretando bien con los dedos y marcando los extremos de los bordes con un tenedor.
- Se fríen en abundante aceite hasta que estén doradas. Se sacan con una espumadera y se escurre el exceso de aceite en papel de cocina absorbente.

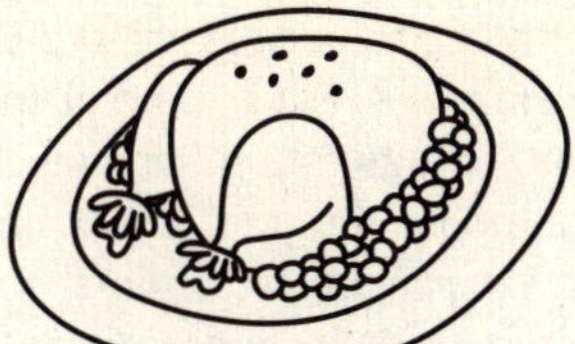

Aves

En tiempos prehistóricos el hombre ya domesticó a la gallina.

Se denominan «aves de corral» a las que han sido criadas por el hombre para el consumo humano. Las otras se denominan «de caza».

Tienen la carne blanca y con poca grasa, por eso es muy adecuada para niños, ancianos y enfermos. Eso sí, si no queremos ingerir colesterol se debe retirar la piel, porque ésta sí tiene mucha grasa.

La cría intensiva de pollos en granjas avícolas con piensos compuestos ha convertido la carne de este animal en una de las más baratas, pero también de las más insípidas. Cuando queramos comer un pollo que sepa bien, y que haya corrido y picoteado en libertad, tendremos que comprar «pollo de campo». Debe tener una etiqueta que garantice que el ave ha sido criada en libertad y alimentada con grano. Aunque cuesta más que el pollo de granja, sigue siendo una carne barata.

Hoy en día, codornices y perdices también se crían en granjas, por lo que se pueden consumir todo el año.

Desde 1990 se consume la carne de avestruz, que tiene muchas proteínas y nada de colesterol. En España hay criaderos de avestruces. Su carne se parece a la de la vaca y se puede preparar como ésta.

Algunas aves:

Pollo: Animal joven. Da igual si es macho o hembra. Suelen pesar de 1 a 2 kg. Su carne admite todas las preparaciones culinarias.
Gallina: Hembra que se sacrifica a los dos años con un peso de 1½ kg a 2. Algunas se destinan sólo a poner huevos y otras al consumo. Es más barata que el pollo y su carne es más dura. Si se fríe queda correosa; es mejor utilizarla para guisos y caldos.
Capón: Pollo castrado para su engorde. Pesa unos 5 kg. Tiene la carne más fina que el pollo. Muy utilizado en Navidad.
Pularda: Hembra de pollo cebada con alimentos de primera calidad. Durante una fase de su vida está recluida en la oscuridad, inmovilizada. Su carne es sabrosa y suave.
Oca: Animal de cuyo hígado se hace el mejor foie-gras. En España se encuentra en los mercados casi exclusivamente en Navidad, al contrario que en los países del Este, donde es muy popular.
Picantón: Pollito que ha comido grano y pesa menos de ½ kg. Su carne es muy tierna pero tiene poco sabor.

Pollo tomatero: Pollito algo mayor que el picantón.
Pato: Los patos tienen una carne muy sabrosa. Cuanto mayor sea, más grasa tiene. De los patos grasos cebados se hace también foie-gras, magret (la pechuga), jamón de pato y confit (patas y resto).
Pavo: Pesa de 3 a 8 kg. Normalmente sólo se compran enteros para asar en Navidad.
Pavipollo: Pavo joven.
Gallina de Guinea o pintada: Es parecida a la gallina pero de color negro y gris con manchas. Resulta difícil de criar porque es muy difícil cogerlas. Su carne es fina y deliciosa, pero seca.
Faisán: Aunque también se cría en corrales, está considerado como caza. Algunas personas cazan faisanes de corral que son soltados el día de la cacería para que ellos los abatan, al igual que ocurre con las perdices. En el mercado se compra faisán o perdiz con perdigones dentro, pero la mayoría de las veces han sido criados en corrales.

Al comprar aves debemos presionar su carne con los dedos; si la carne es firme y recupera su forma, es que es fresca. Las aves huelen muy mal si no están frescas. En casa se deben consumir rápido.

Un ave que ha sido criada en una jaula y engordada demasiado rápido tiene las uñas largas y sin desgastar.

A las aves les van bien los vinos rosados. Si queremos elegir un blanco o un tinto debemos tener en cuenta que a los asados de ave les va bien el vino blanco con poco cuerpo o seco; si el asado es fuerte acepta un vino con más cuerpo: un crianza o un tinto medio. El pato grande y graso debe acompañarse con un tinto con cuerpo.

POLLO DE CORRAL ASADO

€€

INGREDIENTES

- 1 pollo de corral de 1,7 kg aproximadamente
- 1 manzana verde
- 1 copa de curaçao o de cualquier licor de naranja
- 1 vaso de caldo de ave
- 8 cucharadas de zumo de naranja
- 3 cucharadas de aceite de oliva
- el zumo de ½ limón
- pimienta
- sal

- Se limpia el pollo y se salpimenta por dentro y por fuera. Para asar cualquier ave es mejor bridarla (juntar sus miembros con un cordel), no sólo porque se mejora su presentación, sino principalmente para apretar los muslos y las alas contra su cuerpo de manera que el ave coja una forma compacta que facilite su cocción uniforme.
- Se introduce en su interior la manzana troceada. Se unta el pollo con el aceite y se coloca en una placa de horno.
- Se mete en el horno, precalentado a 210°, durante una ½ hora. Después se baja la temperatura a 180° y se asa 1 hora más.
- Para comprobar el punto de cocción del pollo se puede pinchar con una brocheta o aguja de punto en la parte más gruesa del muslo. Si los jugos que salen de su interior son claros, ya está hecho. Si los jugos son de tono rosáceo, se debe seguir asando de 8 a 10 minutos más.
- En caso de que el pollo se dore en el horno con demasiada rapidez (porque carece de termostato o calienta en exceso), al cabo de 40 minutos se debe bajar la temperatura del horno y cubrir el ave con una hoja de papel de aluminio para que no se queme.
- Una vez asado se deja reposar. En la bandeja de horno caliente se añade la copa de curaçao y el zumo de naranja. Se desglasa (derretir los jugos pegados a una bandeja donde se ha asado) y se recuperan los jugos de la bandeja raspándola. Se vierten los jugos en un cazo y se añaden el zumo de limón y el caldo. Se deja reducir a fuego medio. Se rectifica de sal, se cuela y se reserva en el fuego al mínimo.
- En el momento de servir, el pollo se divide al menos en 4 partes.
- Si se sirve en platos se acompaña de unas cucharadas de su jugo reducido; si no, la salsa se sirve aparte.

POLLO AL AJILLO

€€

INGREDIENTES

- 1 pollo de corral de 1½ kg
- 6 dientes de ajo
- ½ vaso de vino blanco seco
- ½ vaso de vinagre
- 2 cucharadas de perejil fresco picado
- 15 cucharadas de aceite
- pimienta negra recién molida
- sal

El pollo al ajillo invita a compartir, a divertirse y a disfrutar manchándose los dedos. Lo mejor es pedir al pollero que lo corte en trozos pequeños, pues es difícil partirlo sin astillarlo.

- Se pelan los dientes de ajo, se pican y se mezclan en un bol con 4 cucharadas de aceite, sal y pimienta negra recién molida. Se untan los trozos de pollo con esta mezcla y se dejan macerar durante 1 hora.
- Con un papel de cocina absorbente se quitan los ajos, pues si se frieran desde el principio se quemarían. Se calienta el resto del aceite en una sartén grande y se fríen los trozos de pollo durante ½ hora a fuego lento. Después se sube el fuego y se añaden los ajos para que se doren con el pollo.
- Cuando esté todo dorado se riega con el vino blanco y el vinagre, y se deja cociendo unos minutos.
- Se sirve espolvoreado de perejil fresco y se suele acompañar de ensalada verde.

POLLO AL CURRY LIGERO Y CREMOSO

€

INGREDIENTES

800 g de pechugas de pollo
1 cucharadita de guindilla en polvo
1 cucharada de pasta de curry
1 trozo de jengibre fresco del tamaño de una nuez
2 dientes de ajo
3 cucharadas de aceite de girasol
1 cebolla
3 o 4 vainas de cardamomo
½ cucharadita de semillas de comino
3 cucharadas de yogur natural
unas hojas de menta fresca
sal
4 cucharadas de agua caliente
3 cucharadas de aceite de oliva

La pasta de curry se encuentra en grandes superficies y tiendas orientales; lo hay verde, rojo... Esta pasta de ajo y jengibre la utilizan mucho en India. Se puede hacer cantidad y guardarla en un recipiente de cristal en la nevera, pues es deliciosa para cocinar cualquier carne.

- Se cortan las pechugas deshuesadas en dados de 2,5 cm. En un bol pequeño se mezclan 4 cucharadas de agua caliente, la guindilla, la pasta de curry, la sal, y la mezcla resultante de mezclar los ajos pelados y rallados con el jengibre rallado también y aceite de oliva. Se remueve bien y se reserva.
- En una cazuela se calienta el aceite de girasol y se añade la cebolla picada fina, las vainas de cardamomo abiertas y las semillas de comino. Se rehoga todo a fuego lento hasta que la cebolla esté dorada.
- Se incorpora la mezcla de especias del bol a la cazuela y se remueve bien a fuego lento durante 3 minutos. Se añade un poquito de agua.
- Se echan los trozos de pollo sazonados a la cazuela y se mezclan para que se empapen bien de las especias. Se incorpora el yogur y se tapa. Se deja cocer a fuego lento durante unos 20 minutos más o menos. Como el pollo suelta jugo, se destapa la cazuela de vez en cuando para remover y comprobar si necesita un poco más de agua o no, dependiendo de cómo guste de líquida la salsa.
- Se sirve decorado con menta fresca y se suele acompañar de arroz basmati (ver p. 148).

PATÉ DE HIGADITOS DE POLLO

€

INGREDIENTES

750 g de higaditos de pollo
1 cebolla
1 copa de coñac
1 copa de jerez
1 vaso pequeño de nata líquida para montar
½ hoja de laurel
pimienta negra
nuez moscada
mantequilla
sal

La nuez moscada se compra en la sección de las especias. Suele estar entera, pues es muy pequeña, con un minirrallador especial para nuez moscada.

- Se limpian muy bien los higaditos quitándoles todos los nervios. Se ponen en un bol en adobo («adobar» significa sumergir un alimento en un líquido para que se aromatice) con el coñac, el jerez, una pizca de nuez moscada rallada, la pimienta negra, un poco de sal y el laurel durante 2½ horas.
- Se fríe la cebolla picada muy pequeña hasta que empiece a tomar color, y se añaden los higaditos y el adobo. Se deja a fuego medio hasta que cambie de color, removiendo de vez en cuando. Se quita la hoja de laurel y se prepara un puré con el resto de los ingredientes en un robot de cocina. Se añade la nata previamente montada. Se mete en una tarrina y se cubre la superficie con mantequilla derretida.
- La nata se puede montar a mano o con una batidora que tenga varillas acoplables. Si se monta con la batidora simplemente hay que batirla despacio en un bol de cristal o de acero. Deben estar muy fríos tanto el recipiente como la nata.
- Si se monta a mano es cuestión de batir y batir hasta que se convierta en una nata consistente, cremosa y suave al tacto.
- El paté se sirve del tiempo, mejor que frío, volcando la tarrina, y con rebanaditas de pan tostado y mantequilla.

ALITAS DE POLLO CON KETCHUP CASERO

€

INGREDIENTES

1 kg de alitas de pollo partidas
1 l de aceite de oliva o de girasol
sal

Para la salsa ketchup:
6 tomates maduros
100 g de azúcar moreno
50 g de vinagre balsámico
1 cucharada de mostaza de Dijon
sal

Tanto si hay niños en casa como si no, cuando preparamos alitas fritas con ketchup triunfamos. Son muy económicas, fáciles de cocinar y fáciles de comer, pues se toman con las manos.

Si las alitas tienen algún pelo del pollo se les quita quemándolo al fuego de la cocina, con un mechero o con unas pinzas. Se limpian con agua antes de prepararlas y se secan.

- En una sartén honda se calienta el aceite y cuando humee se echan las alitas por tandas. La piel formará una costra. Entonces se baja el fuego, se dejan unos minutos para que se hagan bien por dentro, se sube otra vez el fuego para que se tuesten bien por fuera y se sacan. Se ponen sobre papel absorbente para quitarles el exceso de aceite y se salan. Se repite la operación con todas las alitas.
- Mientras, se puede preparar el ketchup casero. Se pelan los tomates (sumergiéndolos en agua hirviendo 30 segundos con una incisión en la base), se cortan en dados y se reservan.
- Se pone en un cazo al fuego el azúcar moreno con el vinagre balsámico y se carameliza. Cuando tenga un tono más oscuro, se retira del fuego y se incorporan la mostaza y el tomate.
- Se pone a fuego lento durante ¾ de hora y se tritura con un tenedor para que queden trocitos de tomate. Se rectifica de sal.

PECHUGAS DE PAVO CON SALSA DE SOJA, VINAGRETA PICANTE, ANACARDOS Y CALABACINES

€

INGREDIENTES

Para el pavo con soja:

2 pechugas de pavo de 200 g con piel
1 limón
2 cucharaditas de azúcar
4 cucharaditas de salsa de soja
4 cucharadas de agua

Para la vinagreta picante:

El zumo de ½ naranja
1 guindilla picante
2 cucharadas de aceite
2 cucharaditas de vinagre balsámico
½ vaso de caldo de carne o de pollo (puede ser industrial)
sal y pimienta negra recién molida

Para la guarnición:

1 calabacín
40 g de anacardos
aceite de girasol para freír

- Se mezclan en un bol los ingredientes líquidos y se añade el azúcar, disolviéndolo muy bien. Se colocan las pechugas en un recipiente y se rocían varias veces con la preparación del bol.
- Se ponen las pechugas en una rejilla sobre una fuente, se meten en el horno a 220° y se asan de 7 a 8 minutos. Se baja la temperatura a 190° y se dejan unos 20 minutos más. Se mojan al final de la cocción con el jugo que habrá caído en la fuente y se dejan reposar fuera del horno de 7 a 8 minutos.
- Mientras, se hace la vinagreta. Se tritura la guindilla con el aceite y se deja en reposo unos 10 minutos. Se cuela este aceite y se mezcla con el zumo de naranja y el vinagre, añadiendo al final el caldo de ave. Se salpimenta.

- Se fríen los anacardos en aceite de girasol bien caliente hasta que queden crujientes. Se sacan y se escurren sobre papel absorbente. En el mismo aceite se saltean (se fríen a fuego vivo) virutas de calabacín hechas con el pelapatatas.
- Justo antes de servir, se calientan las pechugas en el horno y se cortan en trozos grandes al sacarlas. Se colocan en el plato los trozos de pechuga, se vierte por encima un poco de su jugo y se salsea con la vinagreta picante. Se decora con los anacardos fritos y las virutas de calabacín.

BROCHETAS DE POLLO SATAY

€

INGREDIENTES

4 contramuslos de pollo deshuesados
100 g de pasta de cacahuete
100 g de cacahuetes
¼ de l de leche de coco
pimienta negra recién molida
½ cebolla
1 diente de ajo
el zumo de ½ naranja
4 cucharadas de aceite de oliva
1 cucharada de zumo de limón
1 cucharadita de curry
2 cucharadas de miel

El pollo con la salsa satay resulta muy especial por su contraste entre la textura del pollo y la de la salsa, que es espesa y cremosa pero con un sabor bastante intenso.

- Se compran contramuslos deshuesados y sin piel, se cortan en dados pequeños, se salpimentan y se reservan. Es mejor no decirle al pollero que nos los corte y hacerlo nosotros mismos para que así tengan el tamaño que nos guste. La razón de elegir contramuslos en vez de pechugas es porque su carne es más jugosa.
- Se tuestan los cacahuetes en su propia grasa en una sartén. Cuando estén fríos se trituran en un robot de cocina o en una batidora. Debe quedar un polvo con trocitos crujientes. Se reservan.
- En el vaso de la batidora se tritura el resto de los ingredientes, teniendo cuidado de no echar la pasta de cacahuete de golpe, pues es tan espesa que al principio resulta difícil de triturar.
- Se vierte en un bol la mezcla y se meten dentro los dados de pollo. Se dejan marinando toda la noche, bien tapados y en la nevera.
- Se ensartan los dados de pollo en las brochetas de madera —que habrán estado sumergidas en agua ½ hora para que no se astillen con el calor— y se recubren con los restos de la marinada que quede en el bol. Se rebozan con los cacahuetes molidos.
- Se meten las brochetas en el horno, precalentado a 200°, durante 10 minutos, se les da la vuelta y se asan otros 10 minutos.
- Se sirven calientes, con arroz o vegetales.

POLLO EN PEPITORIA

€€

INGREDIENTES

1 pollo de corral de 1½ kg
1 cebolla
2 dientes de ajo
1 manzana
½ vaso de vino blanco
¾ de l de agua
2 huevos duros
150 g de almendras
10 hebras de azafrán
2 cucharadas de perejil fresco picado
sal
pimienta
1 hoja de laurel
1 vaso de harina
aceite de oliva

Antiguamente esta receta se hacía siempre con gallina. Sólo si podemos conseguir gallinas gordas de campo merece la pena, ya que tarda bastante más en cocinarse.

- Se pide al pollero que corte el pollo en octavos. Se salpimentan y se enharinan un poco. En una cazuela grande se echa un poco de aceite y se doran los trozos de pollo; se sacan y se reservan.
- Se pelan y cortan los ajos en láminas y se doran en el mismo aceite de la cazuela junto con la cebolla picada. Se agrega la manzana pelada y troceada y se le da unas vueltas. Se mete el pollo y se añade el vino blanco. Se deja a fuego medio hasta que el vino reduzca un poco y se vierte el agua. Se deja cociendo a fuego lento durante 30 minutos.
- Mientras, se tuestan las almendras en una sartén sin aceite y se majan (se aplastan) en un mortero con las yemas de los huevos duros y las hebras de azafrán. Se coge un poco de caldo de la olla, se agrega al mortero y se echa todo el contenido en el guiso de pepitoria. Se añade la hoja de laurel. Se deja hervir 20 minutos más. Se prueba y se rectifica de sal y pimienta.
- Se añade el perejil picado y las claras de los huevos duros picadas.
- A la hora de servir, se puede acompañar de rodajas de manzana sin corazón rebozadas en harina y huevo y fritas.
- Está más rico hecho la víspera.

POLLO TERIYAKI

€

INGREDIENTES

- 1 kg de contramuslos deshuesados
- ½ vaso de salsa de soja
- ½ vaso de licor de arroz dulce (mirin)
- ½ vaso de sake (vino de arroz)
- 50 g de azúcar
- 4 cucharadas de semillas de sésamo
- 2 cucharadas de aceite de girasol
- sal
- pimienta negra recién molida

La salsa teriyaki es japonesa. Es fácil de hacer y muy sabrosa.

- Se cortan los muslos de pollo en tiras finas, se salpimentan y se fríen a la plancha con el aceite a fuego muy lento de 7 a 10 minutos, moviéndolos para que se hagan bien por todas partes.
- Mientras, se mezclan la salsa de soja, el licor de arroz, el sake y el azúcar en un cazo y se cuecen durante 10 minutos. Se retira del fuego y se deja enfriar un poco.
- Se vierte la salsa sobre el pollo y se deja en el fuego unos 5 minutos, hasta que reduzca y se caramelice un poco.
- Antes de servir se espolvorea con semillas de sésamo tostado.
- Se puede acompañar con arroz blanco, hecho como en la receta de la p. 147 pero sin ajo ni laurel.

FILETES DE POLLO EMPANADOS

€

INGREDIENTES

2 pechugas de pollo de corral sin piel
1 plato con pan rallado
1 plato con harina
2 huevos
¾ de l de aceite
pimienta
sal

Filetes rebozados: si no tenemos pan rallado, los filetes se pueden hacer rebozados sólo con harina, que también están muy buenos. Se pasan primero por harina, después por huevo batido y directamente a la sartén.

- Se piden al pollero unos filetes de pechuga de pollo finos.
- Se ponen 3 platos, uno con los huevos batidos con sal, otro con la harina y otro con el pan rallado. Se salpimentan los filetes y se enharinan primero ligeramente, después se pasan por el huevo y por último por el pan rallado, intentando que quede uniforme por todo el filete.
- Se fríen en abundante aceite (sobrará mucho) caliente pero no arrebatado. Deben dorarse sin quemarse. Se ponen sobre papel absorbente para quitar el exceso de aceite.
- Se pueden hacer de la misma manera sin harina, simplemente huevo y pan rallado, aunque con harina el empanado queda perfecto.
- Se sirven bien calientes, acompañados, por ejemplo, de ensalada verde, o con puré de patatas (p. 139) y salsa de tomate (p. 30).

CONFIT DE PATO CON PATATAS EN SU GRASA

€ € €

INGREDIENTES

4 confits de pato
4 patatas grandes
sal
pimienta negra recién molida
1 cucharada de perejil fresco picado

Éste es un plato que viene ya preparado y que sólo debemos calentar. Mucha gente lo ha probado pero no sabe lo fácil que es prepararlo en casa, ni dónde ni cómo se compra. En Francia, sin embargo, está a la orden del día.

En las pollerías buenas y en las grandes superficies siempre tienen confit de pato en lata o envasado al vacío. Es el muslo del pato confitado en su propia grasa. Confitar, en este caso, significa cocer a fuego mínimo un alimento en grasa o aceite.

La grasa de pato es tan deliciosa que es difícil saber qué es más delicioso, si el pato o la patatas cocinadas en su grasa.

- Se sacan los confits de pato de su envase; la grasa blanca, que está solidificada, se pasa a una sartén.
- Se pelan las patatas, se cortan en trozos grandecitos y se fríen a fuego medio en la grasa de pato o se asan en el horno. En 15 minutos estarán listas. Se sube el fuego 1 minuto para que queden doradas por fuera. Se sacan con una espumadera para que no queden demasiado grasas.
- Mientras, se salpimentan y calientan los confits de pato en un poco de su grasa en el horno o en el microondas.
- Se sirve acompañado de las patatas espolvoreadas de perejil.

FOIE DE PATO A LA PLANCHA CON REDUCCIÓN DE PEDRO XIMÉNEZ

€€€€

INGREDIENTES

1 foie fresco entero crudo (200 g por persona)
aceite de oliva
sal

Para la reducción de Pedro Ximénez:

½ vaso de vino Pedro Ximénez
2 chalotas (o 1 cebolla pequeña)
1 cucharada de azúcar moreno
1 cucharada de mantequilla

El foie es el hígado del pato fresco y crudo. A partir de él se hacen el foie mi-cuit *y el* foie-gras. *El foie fresco hecho a la plancha con sal es suculento.*

La famosa reducción de Pedro Ximénez que tan de moda está en todos los restaurantes no es más que un vino dulce hecho de pasas que se llama Pedro Ximénez, que se reduce al calor del fuego. El alcohol se evapora y la densidad del líquido cambia. Vinos Pedro Ximénez hay de distintas marcas y diferentes precios.

- Se retiran las venillas y la grasa del foie si las tuviera, se corta en 4 filetes gruesos, se sala y se reserva.
- En una cacerola se funde la mantequilla y se añaden las chalotas cortadas en aros finos, el azúcar moreno y el vino Pedro Ximénez. Se deja que se caramelicen a fuego lento removiendo de vez en cuando.
- Mientras, se pone un poco de aceite en una sartén antiadherente y se fríen a fuego vivo los trozos de foie.
- Se pueden espolvorear con alguna sal especial (Maldon o ahumada), y se riegan con un poco de la reducción de chalotas y Pedro Ximénez.

MAGRET DE PATO CON PATATAS PANADERA

€€

INGREDIENTES

Para el magret asado:

2 magrets de pato
1 copa de vino tinto
1 copa de vino dulce
2 cucharadas de vinagre balsámico
½ vaso de agua
sal y pimienta negra recién molida

Para las patatas panadera:

2 patatas medianas
1 cebolla
1 manzana ácida
1 vaso de aceite de oliva
1 cucharada de perejil picado
sal

- Se le hacen unos cortes al magret en la parte de la piel en forma de rombos. Se saltean a fuego vivo en una sartén, previamente salpimentados, hasta que se doren.
- Se ponen en una bandeja de horno con la piel y la grasa hacia arriba. Se gratinan en el horno 4 minutos. Después se les da la vuelta y se gratinan 2 minutos más. Se sacan del horno y se reservan.
- Se echan los vinos y el vinagre en caliente y se desglasa (raspar el fondo de la placa para recoger los jugos) bien la fuente del horno.
- Se recoge toda la grasa en un cazo y se añade el agua. Se cuece a fuego lento hasta que la salsa reduzca a la mitad de su volumen inicial. Una vez reducida, se cuela.
- Se cortan en rodajas finas, de igual tamaño, las patatas y la manzana, una vez peladas y quitado el corazón de las últimas. Se corta la cebolla en juliana (tiras muy finas).
- Se pone en una fuente de horno el aceite con las patatas, las manzanas y la cebolla sazonadas, y se cuece a fuego medio durante unos 20 minutos. Se espolvorea después con el perejil picado fresco.
- Se vuelven a meter en el horno los magrets, a 200°, para calentarlos. Deben quedar rosados por dentro.
- Se cortan sobre una tabla en lonchas no muy finas. Se sirven en una fuente y aparte, en una salsera, el jugo.
- En otra fuente, o alrededor del magret, se sirven las patatas panadera con manzana espolvoreadas con perejil.

PAVO DE NAVIDAD RELLENO A LA CATALANA

(Para 8-10 personas)

€€€€

INGREDIENTES

1 pavo de 3 kg
100 g de ciruelas pasas sin hueso
40 g de orejones
20 g de pasas
20 g de piñones
20 castañas peladas y cocidas
100 g de butifarra cruda (o salchichas)
100 g de lomo de cerdo
4 tomates maduros
4 dientes de ajo
1 cebolla grande
1 zanahoria
1 puerro
2 vasos de vino oloroso de Jerez
1 vaso de fino de Jerez
1 cucharadita de canela en polvo
1 cucharadita de pimienta negra recién molida
sal
1 cucharada de manteca
1 vaso de aceite

Hay mil maneras de cocinar el pavo asado navideño, pero ésta, que explica cómo lo preparan los catalanes, es espectacular. Al día siguiente, san Esteban, se preparan canelones con los restos.

- Se compra un pavo limpio y vaciado. Se puede pedir al pollero que deshuese la parte de la carcasa pero resulta más caro y es divertido trincharlo en la mesa.
- Se sazona el pavo por dentro con sal, pimienta y canela. Se reserva.
- En un bol con el vino oloroso se ponen en remojo durante 4 horas las ciruelas, los orejones, las pasas y los piñones.
- Cuando los frutos secos estén listos se escurren y se trocean pequeños. Al igual que las castañas asadas. Se cortan también en trozos el lomo y las salchichas.
- En una sartén grande se pone un poco de aceite y se saltea (a fuego vivo y rápido) el lomo. Cuando esté tierno se añaden las salchichas, se remueve 2 minutos, y se añaden los frutos secos. Se vierte el vino del bol y se deja reducir (el alcohol se evapora y queda el sabor) unos minutos a fuego vivo, sin dejar de remover. Se retira del fuego.

- Se rellena el pavo con la mezcla anterior y se cosen las aberturas con una aguja de coser gorda e hilo especial para cocina o bramante (lo regalan en la pollería). También se puede bridar (atar para dar forma al ave) ajustando las patas al cuerpo.
- En una fuente de horno se pone el aceite que sobre de la sartén y encima la cebolla a trozos (luego se va a triturar), el puerro, bien limpio para que no tenga arenilla, los ajos y la zanahoria pelada. Se pone encima el pavo relleno salpimentado y untado de manteca.
- Se introduce en el horno, precalentado a 175°, durante 2 horas (la regla es 40 minutos por cada kilo de peso). Cada ½ hora más o menos se debe regar con su propio jugo, con la ayuda de un cucharón, para que no se deshidrate. A las 1½ horas de cocción se añaden los tomates pelados y troceados, y el fino de jerez.
- Si el pavo se dora demasiado (depende del horno), se baja un poco la temperatura y se cubre con papel de aluminio.
- Transcurridas las 2 horas se saca el pavo y la salsa se pasa por un chino o se tritura con la batidora. Si se opta por la batidora hay que volver a hervirla en un cazo para que recupere su color.
- Se sirve el pavo en una fuente grande, sin la brida (las cuerdas), y la salsa aparte en una salsera.

CODORNICES AL GRILL

€

INGREDIENTES

4 codornices
4 cucharadas de aceite de oliva virgen extra
4 dientes de ajo
½ cucharada de orégano seco
½ cucharada de romero picado
pimienta blanca en polvo
sal

Parece que estamos acostumbrados a tomar las codornices siempre de lata y en escabeche. Se pueden preparar de muchas maneras, en salsa, con una reducción de Pedro Ximénez, etc. Ésta es una de las maneras más ricas y sencillas de prepararlas.

- Se pide al pollero que abra las codornices por la mitad como si fueran un libro.
- En un mortero se majan (aplastan) los ajos pelados con la sal, el orégano, el romero y la pimienta. Se añade el aceite. Con esta mezcla se untan bien las codornices
- Se precalienta el horno a temperatura máxima durante 10 minutos y se pone en grill (sólo la parte de arriba).
- Se ponen las codornices en una rejilla en la parte superior del horno, lo más cerca posible del grill y con el horno al máximo. La puerta del horno se deja un poco abierta; es la manera de asar como si fuera a la brasa. Las codornices deben dorarse 10 o 12 minutos por cada lado.
- Por supuesto, lo mejor es comerlas con los dedos.

FILETES DE AVESTRUZ A LA PIMIENTA BLANCA

€€

INGREDIENTES

4 filetes de avestruz (unos 700 g)
1 cucharada de aceite de oliva
⅔ de vaso grande de nata líquida para cocinar
1 cucharada de pimienta blanca en polvo
1 cucharada de pimienta negra en grano

La carne de avestruz tiene muy buen sabor, no es cara y sobre todo posee muchas cualidades dietéticas debido a que contiene muy poca grasa y por lo tanto no produce colesterol. Se puede cocinar según las mismas recetas que la carne de vaca (a la plancha, en filetes gordos, al horno, etc.). Si se recalienta es una carne que se pone dura.

- La pimienta negra en grano se parte un poco en el mortero. Se prepara la salsa de pimienta blanca poniendo en un cazo todos los ingredientes (salvo los filetes) a fuego medio unos 5 minutos, hasta que cojan cuerpo. Se le echa una pizca de sal y lista. No es necesario colarla porque lo bueno es que al comer notemos en la boca cómo se rompen los trocitos de pimienta que están enteros.
- En una sartén o grill se pone el aceite de oliva, y cuando esté caliente se fríen los filetes en su punto, doraditos por fuera y rosados por dentro.
- Se bañan con la salsa de pimienta blanca y se pueden acompañar de patatas fritas (ver p. 140).

Pescados y mariscos

Los pescados son los peces que consume el hombre, sean de mar, de río o de lago.

Su carne es muy nutritiva con alto contenido en proteínas de valor biológico, muchas vitaminas y de fácil digestión. Pueblos como los japoneses y los esquimales, cuya alimentación se compone básicamente de pescado, están casi exentos de enfermedades cardiovasculares.

Curiosamente, antes se pensaba que el pescado azul, que suele ser graso, era muy malo para la salud. Hoy se sabe que precisamente la grasa de su carne es buena para las paredes de las arterias y para eliminar el colesterol en sangre.

Hasta hace no muchos años el pescado era un animal salvaje que se alimentaba por sí solo, que viajaba por los mares y los ríos. Primero se inventaron las piscifactorías de agua dulce, por eso hay peces de río y de lago todo el año. Su carne no se puede comparar con la de los pescados salvajes, pues la primera es mucho más grasa y además, en la mayoría de los casos, los peces son tratados con antibióticos y con productos químicos, y comen pienso. Por todo ello, algunos pescados de piscifactoría de agua dulce no saben bien. Ahora, y debido a la explotación desmedida del mar, que está acabando con muchas especies, se han inventado las piscifactorías marinas. Son verdaderas granjas acuáticas gigantes (de kilómetros de superficie). Los peces están enjaulados pero pueden nadar y luchar contra las corrientes del mar. Como hay miles y miles y están en cautividad, es necesario alimentarlos con piensos, aunque también comen algún pescadito que entra en las granjas. De piscifactorías marinas provienen los salmones que compramos en los mercados y en las grandes superficies, la mayoría de los fiordos noruegos. Aunque su carne es deliciosa —y es bueno para el consumidor y para el mar que existan piscifactorías—, no puede compararse con la de los salmones salvajes que han pasado la vida luchando contra corrientes y mareas, y nadando y viajando a través de mares y ríos.

El pescado suele clasificarse como azul o blanco. Los azules tienen la cola en forma de «V», y los blancos recta o en forma de abanico. Los azules, más grasos en general, son el bonito, el atún, el pez espada, la palometa y las sardinas, entre otros. Los blancos son el lenguado, la merluza, el mero, el rodaballo, el rape y el gallo, entre otros. El salmón es una mezcla de blanco y azul, pues también depende esta clasificación —difícil de entender— de la grasa que tengan y, por tanto, de dónde desovan.

Los pescados que podemos y debemos consumir porque han sido pescados en costas españolas y de la UE, y su pesca no resulta perjudicial para las economías de los países pobres ni para el ecosistema son: la pescadilla, el bacalao fresco o en salazón, el chicharro, la caballa, el lirio (bacaladita), el gallo, el lenguado, el rodaballo, la lubina, la corbina, el pargo, la breca, el mero y el rape, entre otros.

No debemos comprar perca del Nilo. Proviene de Tanzania, del lago Victoria, y está arruinando al país (salvo a unos pocos a los que su exportación beneficia). En los años cincuenta y casi clandestinamente, un funcionario colonial relacionado con el departamento de pesca introdujo esta especie en el lago Victoria (el lago tropical más grande del mundo, de 68.000 km^2) que resultó ser un gigantesco y voraz depredador. A lo largo de miles de años, los diferentes géneros de peces de las más de 300 especies se habían especializado en los diferentes nichos ecológicos del inmenso lago. Años después, la perca se ha multiplicado rápidamente y ha extinguido a más de 210 especies. La perca se ha convertido en la especie más capturada, impulsando el florecimiento de una industria privada de procesado y comercialización de filetes destinados, exclusivamente, a la exportación hacia mercados extranjeros. Además, los aviones rusos que nos traen a Europa los filetes blancos y baratos de perca no van a África de vacío. Primero transportan a los países africanos en conflicto armas y luego vuelven cargados de toneladas de percas. Si queremos saber más sobre este pez, podemos ver el documental *La pesadilla de Darwin*, del director Hubert Sauper. Con la excusa de la perca del Nilo, Sauper nos propone un documental sobre las miserias de la globalización. Sin embargo, reconoce que *La pesadilla de Darwin* podría haberse realizado en Sierra Leona, sólo sustituyendo los peces por diamantes, en Honduras por bananas, o en Libia, Nigeria o Angola por petróleo.

En Francia hay una campaña de boicoteo contra la perca del Nilo procedente del lago Victoria. En España, diversas entidades advierten de la pesadilla que supone la alimentación global con la campaña «No te comas el mundo», una propuesta destinada a promover el reconocimiento de la deuda ecológica, la exigencia del derecho a la soberanía alimentaria de todos los ciudadanos y a desmontar los mitos creados sobre esta temática.

El pescado debe comprarse siempre muy fresco (o congelado) porque es un alimento que se deteriora muy rápido y que puede ser tóxico si está en mal estado.

Cuando compremos pescado, para saber si es fresco debemos comprobar que:

– Huele bien. A mar, nunca a amoníaco.
– Tiene los ojos salientes y con pupilas brillantes.
– La piel está húmeda y lustrosa.
– Las agallas son de color rojo y brillante.
– Las escamas están bien pegadas y limpias.
– La carne es firme. Si apretamos con el dedo no debe quedar huella.
– El abdomen es firme; no se salen las vísceras.

En casa hay que guardarlo en la nevera y consumirlo antes de que pasen 24 horas.

Las maneras más frecuentes de conservar el pescado son la congelación —perfecta si no se rompe la cadena de frío, pues el pescado congelado tiene el mismo valor nutritivo que el pescado fresco—, el ahumado —para, por ejemplo, el salmón y la trucha, que constituyen una delicia— y la salazón, como la del bacalao.

Los pescados admiten todas las técnicas de preparación: asados, en barbacoa, papillote, al vapor, rebozados y fritos, en salsa, guisados, etcétera.

La norma fundamental para preparar bien un pescado es cocinarlo muy fresco y muy brevemente.

Los vinos que mejor acompañan a los pescados son los blancos jóvenes. Para mariscos van bien los blancos secos. Y para guisos de pescado en salsa verde, en su tinta, bacalaos, etc., tintos de ligera crianza.

CALAMARES EN SU TINTA

€€

INGREDIENTES

- 1 kg de calamares o chipirones
- 6 bolsas de tinta
- 1 cebolla grande
- 1 tomate
- 1 cucharada de harina
- 1 vaso pequeño de vino tinto
- 1 diente de ajo
- 1 ramita de perejil
- miga de 1 rebanada de pan
- 5 cucharadas de aceite
- 2 vasos grandes de agua
- sal

- Se limpian los calamares desprendiendo del cuerpo lo que cuelga (cabeza, tripas, tentáculos y barbas). Se retiran las bolsas de tinta que están entre las barbas y se reservan en un tazón. Se quitan las tripas y se arrancan los ojos con los dedos y se tiran. La cabeza y las barbas se reservan. Dentro del cuerpo hay una parte larga y dura que se llama espadón. Se quita fácilmente tirando de ella. Se limpian muy bien con agua, dando la vuelta a las bolsas (al cuerpo del calamar) o metiendo bien los dedos. Se habrán comprado —normalmente las regalan— 6 bolsas más de tinta, que suele ser de sepia, pues la salsa queda más bonita si es bien negra. Se pone toda la tinta en un tazón con la mitad del vino tinto.
- En una sartén se fríe el diente de ajo pelado, con el perejil y miga de pan. Se saca y se machaca bien en un mortero. Se le echa el resto del vino y se reserva.
- En una cazuela se calienta el aceite y se pocha la cebolla picada hasta que esté dorada pero no mucho (unos 10 minutos). Se agrega el tomate pelado, troceado y sin semillas (se puede usar tomate de lata pelado) y se remueve unos minutos. Se echa la mezcla del mortero. Se añade entonces la harina, se remueve otra vez y se vierte el agua.
- Antes de que hierva esta salsa se echan los calamares cortados en trozos de unos 2 cm o enteros —si son chipirones rellenos de sus propias barbas—. Se deja cocer a fuego lento durante 1½ a 2 horas. No se echa sal hasta el último momento en que se prueban, pues de por sí los calamares son salados.
- Se sirven bien calientes acompañados de arroz blanco (ver p. 147).

BACALAO FRESCO CON SUS KOKOTXAS AL PIL PIL

€€€

INGREDIENTES

- 4 lomos de bacalao fresco sin espinas pero con piel
- 300 g de kokotxas de bacalao (frescas o congeladas)
- 4 cucharadas de aceite de oliva
- 1 cucharada de caldo de pescado o agua
- 1 diente de ajo picado
- sal
- pimienta
- 2 cucharadas de perejil fresco picado

Parece que cuando pensamos en el bacalao siempre nos viene a la mente el bacalao salado. No hay que olvidar que en nuestras costas tenemos un excelente bacalao fresco, de carne deliciosa y precio asequible.

- Se recortan bien las barbas de las kokotxas y si tienen alguna espina se quita. Se sazonan.
- En una cazuela en frío se ponen 2 cucharadas de aceite, el ajo picado y las kokotxas con la piel oscura hacia arriba. Se deja hervir lentamente moviendo la cazuela en vaivén. Cuando empiecen a soltar una gelatina emulsionadora se echa poco a poco el fumet (caldo de pescado) o el agua.
- Se retira del fuego y se liga la salsa con el mismo movimiento, sin remover. Se calientan un poquito más pero sin que lleguen a hervir.
- Se salpimenta el bacalao y se pinta con el resto del aceite. Se coloca en una sartén antiadherente cuando ya esté caliente. Se cocina 2 o 3 minutos, se le da la vuelta y se cocina 2 o 3 minutos más. Debe quedar dorado por fuera y jugoso por dentro.
- Se sirve acompañado de las kokotxas al pil-pil, espolvoreadas con perejil picado.

MERLUZA EN SALSA VERDE

€€

INGREDIENTES

4 rodajas cerradas de merluza congelada
1 cebolla
1 diente de ajo
1 cucharada de perejil fresco picado
1 ramita de perejil
1 lata pequeña de guisantes
4 cucharadas soperas de aceite
1½ cucharadas de harina
1½ vasos de agua fría
2 huevos duros
pimienta blanca
sal

Esta receta clásica se prepara con merluza. Hoy podemos hacerla con pescadilla, que es mucho más económica, con merluza chilena, que también es asequible, o con merluza congelada.

- Las rodajas de merluza se descongelan cubriéndolas bien con agua fría y sal durante 1 hora. Después se secan y se utilizan como si fueran frescas.
- En una sartén se calienta el aceite y se pocha la cebolla a fuego lento de 5 a 7 minutos (hasta que quede transparente). Se añade la harina y se remueve. Poco a poco se va agregando el agua fría, sin dejar de remover. Se cuece un poco.
- Aparte, en un mortero se habrá machacado el diente de ajo con el perejil y un poco de sal. Se añade 1 cucharada de la salsa de la sartén y se remueve bien. Se incorpora este preparado a la sartén y se remueve para que se mezcle bien.
- Esta salsa se echa en una cazuela de barro o de pirex lo suficientemente grande para que se puedan disponer las rodajas de merluza sin que se monten unas sobre otras. Se salan un poco las rodajas merluza y se distribuyen sobre la salsa de manera que justo la cubran.
- Se espolvorean con pimienta blanca, el perejil picado y los guisantes.
- Se cuecen de 8 a 10 minutos, sacudiendo la cazuela cogiéndola por un lado y nunca removiendo, pues se destrozaría la merluza y la salsa no quedaría bien trabada.
- Se puede adornar con huevo duro picado y se sirve de inmediato en la misma cazuela donde se ha cocinado.

GAMBAS AL AJILLO SOBRE AJOBLANCO

€€€

INGREDIENTES

Para el ajoblanco:

300 g de almendras con piel
2 dientes de ajo
40 g de pan del día anterior
de 12 a 16 uvas peladas y sin pepitas
3 cucharadas de aceite de oliva virgen extra
1 cucharada de vinagre de jerez
agua fría
sal

Para las gambas al ajillo:

3 ajetes frescos
16 gambas frescas (o langostinos)
3 cucharadas de aceite de oliva
sal

Si este plato lo hacemos con gambas, gambones o langostinos congelados no resulta caro.

- Se escaldan las almendras en agua hirviendo durante unos segundos para quitarles la piel. Una vez peladas se trituran con la batidora junto con 8 cucharadas de agua fría, el pan y los dientes de ajo pelados. A esta pasta se añade, poco a poco, el aceite, sin dejar de batir, hasta obtener una consistencia cremosa y homogénea. Se agrega el vinagre y se sala. Se añade más agua hasta que quede una crema muy ligera. Se rectifica de sal y reserva en la nevera.
- Se descongelan las gambas a temperatura ambiente y se pelan. Se les quita la cabeza; después, sujetando bien la cola, se corta el caparazón con unas tijeras, introduciéndolas por la parte en que estaba la cabeza, hasta la punta de la cola sin cortarla para conservarla. Con las tijeras se retira el hilo negro intestinal.
- Se pelan y se cortan los ajetes en trozos pequeños. Se saltean a fuego vivo en una sartén con el aceite durante 1 minuto y se reservan.
- En la misma sartén se saltean las gambas justo hasta que cambien de color, agregando al final los ajos y salteando todo junto unos instantes. La sal se pone al terminar.
- Se sirven las gambas y los ajetes recién salteados con unas cucharadas de ajoblanco frío por encima y unas uvas al lado.

LOMOS DE SALMÓN EN PAPILLOTE

€€

INGREDIENTES

4 lomos de salmón iguales
1 puerro
1 cebolla
1 tallo de apio
2 zanahorias
½ vaso de vino blanco

A la papillote es una técnica que consiste en cocinar un alimento en el horno, envuelto en papel de aluminio o papel sulfurizado, de manera que éste forme un paquete herméticamente cerrado. Al calentarse el paquete se hincha y el alimento se cocina casi «a presión» en su propio jugo, sin necesidad de añadir grasa.

- Se pide al pescadero 4 lomos de salmón del mismo tamaño y sin la piel. Se cortan 4 cuadrados de papel de aluminio lo suficientemente grandes para empaquetar cada lomo y se engrasan una pizca.
- Se lavan las verduras, y en especial el puerro, para que no tenga arenilla, haciéndole un corte longitudinal, poniéndolo bajo un chorro potente de agua fría y sacudiéndolo con fuerza. Se pican las verduras en trozos muy pequeñitos (*brunoise*) y se mezclan. Se rehogan con una pizca de aceite, tapadas y a fuego lento, durante 3 minutos.
- Se pone un lomo de salmón, con un poco de sal, encima de cada cuadrado de papel de aluminio; se dividen las verduras en cuatro porciones y se distribuyen sobre cada uno de los lomos. Se forman 4 paquetes doblando los bordes del papel, se cierran herméticamente y se meten en el horno, precalentado a 175°, de 8 a 10 minutos.
- Se puede acompañar este plato con tiras de calabacín con piel cortadas con el pelapatatas y salteadas 3 minutos con ajo y jengibre rallado.

MEJILLONES AL VAPOR CON PATATA Y ALIOLI

€

INGREDIENTES

Para los mejillones al vapor:
1 kg de mejillones frescos
1 l de fumet o caldo de pescado
1 ramita de perejil

Para la patata asada:
2 patatas grandes
6 cucharadas de aceite de oliva
sal gorda

Para el falso alioli:
200 g de mayonesa
1 diente de ajo

Cuando se compren los mejillones vivos deben elegirse los que tengan las valvas cerradas y nunca los que tengan las valvas rotas. Los que no se abran al cocer se tiran, porque pueden ser tóxicos. Conviene quitar las barbas de los mejillones muy poco tiempo antes de cocerlos, ya que al hacerlo se mueren rápidamente.

- Se prepara un falso alioli (ver p. 29).
- Se cortan las patatas con una mandolina o similar en rodajas muy finas (como chips). Se untan con el aceite y se asan a 220° en el horno precalentado hasta que queden crujientes y bien hechas. Se sazonan.
- Mientras, se limpian los mejillones raspando con un cuchillo las valvas para quitarles las barbas estropajosas y adherencias, y se lavan en agua salada.
- Se pone el caldo de pescado con el perejil en una vaporera o en la olla exprés y se colocan los mejillones en la rejilla. Se pone a fuego vivo y se retira en cuanto se abran los mejillones (se abren muy rápido con el calor). Cuando estén tibios se quitan las valvas.
- Se sirven colocando en cada plato una rodaja de patata, un mejillón encima y, sobre éste, un poco de alioli medio tapado con otra rodaja de patata.

MARMITAKO DE ATÚN

€€

INGREDIENTES

½ kg de atún
1 kg de patatas
1 cebolla
1 diente de ajo
4 pimientos choriceros
2 cucharadas de salsa de tomate (opcional)
8 cucharadas de aceite de oliva
1 l de fumet o caldo de pescado
2 cucharadas de perejil fresco picado

- Se colocan en agua templada los pimientos choriceros durante 1 hora. Transcurrida ésta, se extrae con un cuchillo la pulpa y se reserva.
- Se ponen en una cazuela con el aceite, el ajo y la cebolla muy picados y se rehogan a fuego lento durante 1 hora hasta que estén muy deshechos.
- Se añade entonces la pulpa de los pimientos choriceros y la salsa de tomate. Se deja hervir a fuego lento durante 15 minutos.
- Mientras, se «cascan» en trozos medianos las patatas, es decir, se hace un corte con el cuchillo sin seccionar la patata y se termina rompiéndolas con la mano. De esta manera sueltan almidón y el líquido del caldo se espesa.
- Se añaden las patatas a la cazuela y se vierte el caldo de pescado. Debe hervir 20 minutos a fuego suave.
- Mientras, se corta el atún, limpio de sangre y espinas, en dados grandes.
- Cuando las patatas estén hechas se agrega el atún y se deja cocer durante unos minutos. El conjunto debe quedar caldoso pero un poco espeso.
- Se espolvorea con el perejil y se sirve bien caliente.

ALMEJAS A LA MARINERA

€€€

INGREDIENTES

1½ kg de almejas o chirlas vivas
1 cebolla
3 dientes de ajo
5 cucharadas de aceite
1 cucharada de pan rallado
1 vaso pequeño de vino blanco
el zumo de ½ limón
1 hoja de laurel
1 cucharada de perejil fresco picado
1 vaso grande de agua fría
sal

Las almejas tienen más carne y son más sabrosas, pero pueden sustituirse por chirlas, que son más baratas.

- Se lavan las almejas o chirlas en agua con sal durante 2 minutos. Se escurren y se ponen en una sartén con el agua fría a fuego fuerte. Cuando se vayan abriendo se van sacando de la sartén. Se les puede quitar la valva que está vacía, o dejarlas con sus dos valvas. Si alguna almeja no se abre es que está mala y debe tirarse, pues puede resultar tóxica.
- Se ponen las almejas en una cazuela. El líquido que han soltado en la sartén se cuela y se reserva.
- En otra cazuela se calienta el aceite y se pochan a fuego lento la cebolla y los ajos muy picados, hasta que la cebolla esté transparente (unos 5 o 7 minutos más o menos). Se añade el pan rallado y se rehoga un poco junto con la hoja de laurel, el vino blanco, el agua de cocer las almejas, el zumo de limón y un poco de sal. Se remueve un poco y se añaden las almejas.
- Se calientan y se sirven espolvoreadas de perejil picado.

LOMOS DE CABALLA EN PAPILLOTE CON PIPERRADA

€€

INGREDIENTES

800 g de lomos de caballa (con piel y sin espinas)
1 cebolla
5 cucharadas de aceite de oliva
1 cucharadita de pimientas variadas en grano
1 cucharada de vinagre de sidra
2 cucharadas de perejil fresco picado
sal

Para la piperrada:
2 pimientos morrones
2 pimientos del piquillo
1 pimiento verde
1 tomate maduro
½ vaso de caldo de verduras
2 cucharadas de aceite de oliva virgen extra
sal y azúcar

La caballa, que en el norte conocen como verdel, es un pescado azul nutritivo, sano, barato y sabroso. Ya casi no quedan merluzas ni besugos en nuestras costas, pero caballas, afortunadamente sí.

- Se prepara la piperrada (ver p. 31).
- Se machacan en un mortero las pimientas, un poco de sal, 1 cucharada de perejil y 1 de aceite. Se unta con la mezcla la caballa.
- Se pone en un cazo la cebolla finamente picada con el resto del aceite y se pocha a fuego lento hasta que esté muy blanda. Se escurre.
- En una sartén se marcan (se pasa rápidamente un alimento por la sartén para su posterior cocción) los lomos 1 minuto por cada lado.
- Se cortan 4 cuadrados de papel de aluminio lo suficientemente grandes para hacer un paquete por ración y se untan con un poco del aceite de pochar las cebollas. Se ponen los lomos marcados sobre el papel de aluminio y sobre ellos la cebolla. Se vierte por encima el vinagre y se cierran los paquetes herméticamente.
- Se asan en el horno, precalentado a 180°, durante 6 o 7 minutos, no más porque se si se pasan de cocción se secan mucho.
- Se sirven sin el papel de aluminio, acompañados de salsa piperrada y espolvoreados con la otra cucharada de perejil.

SALMÓN EN SALAZÓN

€ €

INGREDIENTES

1 kg de salmón
60 g de sal marina
25 g de azúcar
1 cucharadita de pimienta en grano
1 cucharada de eneldo fresco picado fino

El mes de marzo es la temporada del salmón salvaje, pero su precio es desorbitado. El salmón que podemos comprar en los mercados es de piscifactorías.

Para convertir este salmón en marinado se moja con una copa de jerez o aguardiente para perfumarlo. La manera de hacerlo en esta receta, sin ningún líquido, es noruega. El tiempo de curación es muy breve, por lo que el sabor, el aroma y el color del salmón no se alteran. Es salmón en estado puro.

- Cuando vayamos a comprar el salmón hay que tener en cuenta que la pieza debe pesar para este tipo de platos de 4 a 5 kg; si es más pequeña es mejor utilizar los lomos que la cola; si el salmón es muy fino queda seco.
- Se mezclan en un bol la sal y el azúcar. Con esta mezcla se frota el lado carnoso del salmón. Se esparce por encima la pimienta machacada toscamente en un mortero y el eneldo.
- Se coloca el pescado en un recipiente con la piel hacia abajo. Se envuelve con película transparente y se deja en la nevera durante 24 horas.
- Transcurrido ese tiempo se coloca el salmón con la parte de la piel hacia arriba y se vuelve a dejar 14 horas en la nevera. Las dos veces lo conveniente es poner mucho peso sobre el salmón (2 botellas de 2 litros, por ejemplo) para que suelte todo el líquido y la grasa.
- Se limpia con un trapo limpio y se le quitan los restos de la salazón. Se sirve en tacos o en lonchas finas.

VIEIRAS SALTEADAS CON JENGIBRE, SOJA Y CILANTRO

€ €

INGREDIENTES

Para las vieiras:

½ kg de vieiras (pueden ser congeladas) o zamburiñas
2 cucharadas de aceite de sésamo o de girasol
1 cucharada de cilantro fresco picado
1 cucharada de perejil picado

Para la salsa:

2 cucharadas de zumo de limón
1 cucharada de miel
1 cucharada de salsa de soja
2 cucharadas de jengibre fresco rallado
1 cucharada de caldo de pescado
1 diente de ajo

Las vieiras frescas están en su mejor momento de noviembre a marzo. Son caras, pero para un plato como este que lleva bastantes condimentos quedan también muy buenas si son congeladas. Se pueden sustituir por otro molusco, como los mejillones o las zamburiñas.

- Se mezclan en un bol el zumo de limón, con la salsa de soja, la miel, el jengibre, el caldo de pescado y el ajo pelado y machacado en un mortero. Se debe remover muy bien para que la miel se disuelva y quede una marinada homogénea.
- Se meten las vieiras y se les da unas vueltas hasta que se impregnen de salsa.
- Se calienta un wok (sartén china muy honda) o una sartén de base gruesa a fuego muy vivo con el aceite hasta que humee. Se echan las vieiras con su salsa, así como el perejil y el cilantro. Se remueve sin parar durante 3 minutos a fuego vivo (si son muy pequeñas se pueden tener menos tiempo).
- Se sirven inmediatamente. Pueden acompañarse de ensalada verde.

GAMBAS CHINAS CON TIRABEQUES Y ANACARDOS

€€

INGREDIENTES

½ kg de gambas frescas o congeladas
200 g de tirabeques
100 g de anacardos
3 cucharadas de aceite vegetal
4 cebolletas en aros finos
2 ramitas de apio en rodajas finas
3 zanahorias en rodajas finas
1 cucharadita de fécula de maíz
6 mazorquitas de maíz partidas por la mitad
200 g de champiñones cortados en lámina finas
200 g de repollo en tiras finas
1 diente de ajo picado grueso
2 cucharadas de salsa de soja
2 cucharadas de caldo de pollo
sal

Los tirabeques son una variedad de guisantes que se cultiva para consumir entera, el grano y la vaina. Son muy tiernos. Su temporada es abril y mayo. Se les quitan las puntas, y las hebras si las tuvieran.

- Se descongelan las gambas a temperatura ambiente y se pelan. Se les quita la cabeza; después, sujetando bien la cola, se corta el caparazón con unas tijeras, introduciéndolas por la parte en que estaba la cabeza, hasta la punta de la cola, sin cortarla para conservarla. Con las tijeras se retira el hilo negro intestinal.
- Se tuestan los anacardos en una sartén con una pizca de aceite y cuando estén dorados se retiran y se salan.
- Se disuelve la fécula de maíz en el caldo de pollo con salsa de soja en frío y se reserva.
- Se pone una sartén con el aceite a calentar a fuego medio y se saltean (rápido) las zanahorias, las cebolletas, el apio y las mazorquitas, durante 3 o 4 minutos. Se incorporan los champiñones hasta que se doren. Se añaden el ajo y las gambas. Cuando estén rosadas se vierte la mezcla de caldo, soja y fécula y se remueve. A continuación se echan el repollo, los tirabeques y los anacardos, reservando unos pocos para adornar. Se deja cocer todo durante 2 minutos.
- Se sirve de inmediato y se adorna con el resto de anacardos. Se acompaña de arroz blanco (ver p. 147).

PEZ ESPADA ENCEBOLLADO AL HORNO

€€

INGREDIENTES

- 4 filetes de pez espada (700 g)
- 2 cebollas pequeñas
- 2 tomates
- 2 cucharadas de perejil fresco picado
- 2 cucharadas de orégano fresco
- 1 diente de ajo
- 4 cucharadas de aceite de oliva virgen extra
- el zumo de ½ limón
- sal
- pimienta negra recién molida

La temporada de este precioso pescado azul de boca en forma de espada es de julio a noviembre.

- Se pelan las cebollas y se cortan en aros muy finos. En una sartén se calientan 3 cucharadas de aceite de oliva para rehogar las cebollas a fuego lento hasta que queden transparentes (unos 8 o 10 minutos). Si es necesario se puede echar un poco de caldo de pescado o vegetal. Se deja enfriar y se pone en un bol con el perejil picado, el ajo muy picado y el zumo de limón. Se reserva.
- En una fuente de horno untada con unas gotas de aceite se ponen los filetes de pez espada con un poquito de sal y se vierte la mezcla del bol por encima. Se cubre con película transparente y se deja marinar en la nevera durante 1 hora.
- Aparte, se pelan los tomates (escalfándolos en agua hirviendo durante 30 segundos con una incisión en la base y luego refrescándolos), se cortan en dados y se sazonan con orégano, sal y pimienta.
- Cuando se saca el pescado de la nevera se colocan los tomates por encima y se mete en el horno, precalentado a 180°, durante 10 minutos.
- Se sirve inmediatamente.

SARDINAS ASADAS CON VERDURAS, GUINDILLA Y NECTARINAS

€

INGREDIENTES

20 sardinas
1 calabacín pequeño
1 diente de ajo
unas hojas de albahaca picada
sal
aceite de girasol
2 pimientos verdes
1 guindilla roja fresca
1 limón
3 nectarinas (o melocotones o albaricoques)

Se compran sardinas bien frescas, limpias y fileteadas. Hoy en día se pueden encontrar en muchas pescaderías de mercados y supermercados. La carne es exquisita, pero sólo cuando están muy frescas y son de temporada, esto es, de junio a noviembre.

- En una sartén se ponen todas las verduras con un poco de aceite de girasol y el diente de ajo picado grueso. El calabacín se puede cortar en virutas con el pelapatatas y la guindilla debe estar bien picada. Se rehogan a fuego lento durante 10 minutos.
- Las sardinas, limpias y sazonadas, se ponen en una fuente de horno, se cubren con el sofrito y se meten a horno medio, precalentado a 180°, durante unos 5 minutos (el tiempo depende del tamaño de las sardinas).
- Mientras, se saltean las nectarinas cortadas en dados pequeños en un poco de aceite durante 1 minuto.
- Se sirven echando por encima de las sardinas con verduras unos trocitos de nectarinas, la albahaca picada y unas gotas de limón. Se salsea con vinagreta de tomate y albahaca (ver «Ensalada de sardinas marinadas», p. 92).

SUSHI DE ATÚN Y SALMÓN

€€€

INGREDIENTES

¼ kg de atún rojo
¼ kg de salmón
1½ tazas de kome (arroz para sushi)
2 cucharadas de azúcar
3½ cucharadas de mirin (vinagre de arroz)
wasabe (pasta de rábano picante)
salsa de soja
gari (jengibre marinado)
2 cucharadas de sal

Se denomina «sushi» a cualquier pescado crudo preparado según una receta japonesa. El sushi se toma crudo sobre arroz japonés. Se puede preparar con cualquier tipo de pescado, pero aquí hemos elegido el salmón y el atún rojo, que son quizá los que más seducirán a los no iniciados.

- Se deben comprar lomos de pescado sin espinas, muy frescos. En casa hay que congelarlos por lo menos 24 horas para tener la absoluta seguridad de que no tienen anisakis (parásito). Es mejor comprarlos con piel, pues hace que el pescado se conserve más fresco. En tiendas de alimentación japonesas se encuentran bloques de pescado congelado especialmente preparados para hacer sushi. Se cortan en lonchas finas.
- En una cazuela se ponen 1½ tazas de arroz kome y 2½ tazas de agua con un pellizco de sal. Se deja reposar 30 minutos fuera del fuego. Después se hierve durante 15 minutos destapado. Se retira del fuego y se deja reposar durante 5 minutos.
- Mientras, en un cazo se mezclan el vinagre de arroz, el azúcar y la sal. Se lleva a ebullición revolviendo hasta que el azúcar se haya disuelto por completo. Se retira del fuego y se deja enfriar cambiándolo a un bol. Se mezcla el contenido del bol con el arroz y se reserva.
- Con los dedos húmedos —se trabaja mejor— se forman unas bolas de arroz del tamaño y la forma de una croqueta grande. Sobre ellas se pone una pizca de wasabe (es muy picante) y por encima una loncha fina de atún o de salmón crudo que sobresalga un poquito por los extremos.
- Se sirve acompañado de un cuenco pequeño con salsa de soja y el jengibre marinado.
- Se puede comer con palillos o con la mano.

PESCADO A LA SAL

INGREDIENTES €

1 pescado de 1 kg (lubina, dorada, pez de San Pedro...)
albahaca, perejil, cilantro y laurel
2 limones
2 kg de sal marina gorda (o sal para hornear)

- Se pide al pescadero que desescame y limpie el pescado.
- Se rellena con las hierbas aromáticas frescas y los limones lavados y cortados en rodajas.
- Se forra una fuente con papel de aluminio de manera que sobren unos 30 cm por los lados y se cubre con una capa de sal de 2 cm aproximadamente; encima se pone el pescado y se recubre con otra capa igual de sal, presionando para que se adapte a la forma del pescado. Se humedece la sal para que forme una costra sobre el pescado y se tapa con el resto de papel de aluminio.
- Se mete en el horno precalentado a la máxima temperatura y se asa durante 10 minutos.
- Transcurrido este tiempo se saca del horno y se deja reposar durante 15 minutos, durante los cuales el pescado se seguirá asando suavemente.
- Después se parte la costra de sal con cuidado de no romper la piel del pescado para que no le entre sal a la carne.
- Se puede acompañar de patatas cocidas, espolvoreadas con perejil fresco picado (ver p. 138).

TXITXARRO AL HORNO CON AJO DULCE Y SALSA DE TINTA DE CALAMAR

€€

INGREDIENTES

1 txitxarro de 1½ kg
4 dientes de ajo
perejil fresco picado
salsa de tinta de calamar (ver p. 34)
8 cucharadas de aceite

Para el puré de ajo:
6 dientes de ajo
2 cucharadas de nata líquida
½ vaso de leche
8 cucharadas de puré de patatas espeso (ver p. 139)

Algunos dicen del txitxarro que es «el besugo de los pobres». Por eso lo hemos elegido para representar a los pescados que se cocinan en Navidad. Es un pescado azul graso, con la piel color de plata, que se pesca en nuestras costas.

- El puré de ajos se hace cociendo en la leche y la nata los ajos pelados hasta que estén blandos. Se sacan, se trituran y se mezclan con el puré de patatas.
- Se dice al pescadero que quite la espina central y las laterales al txitxarro. Se unta con un poco de aceite y sal y se coloca en una fuente de horno con el aceite y los dientes de ajo sin pelar. Se mete en el horno, precalentado a 190°, durante 8 o 10 minutos. Ha de quedar crujiente por fuera y rosado por dentro.
- Se sirve el txitxarro troceado y napado con un poco de salsa de tinta de calamar y 1 cucharada de puré de ajo dulce al lado. Se puede decorar con el perejil y los ajos rústicos (con piel) del horno.

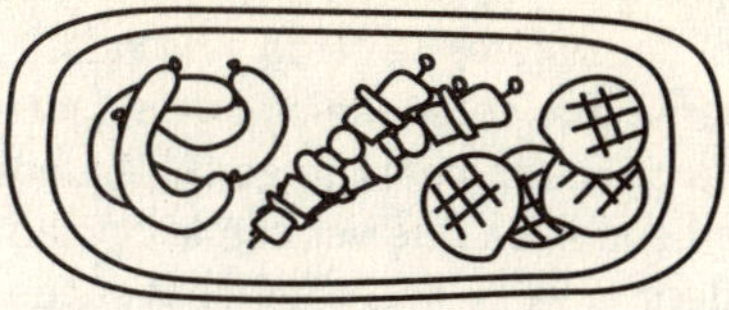

Carnes

Aunque existen otras fuentes de proteínas como los lácteos, los pescados y las de origen vegetal, las de la carne son las proteínas de mayor calidad biológica. La dieta mediterránea, entre otras virtudes como son las verduras y los pescados, es excelente porque se complementa con la carne de vacuno, de cordero, de cerdo y de caza.

Es muy importante que entendamos que el sistema de categorías en que se clasifica la carne (primera categoría, segunda categoría y tercera categoría) no tiene nada que ver con la calidad de la carne sino con sus cortes. Es decir, la carne de 3 categorías puede darse en un mismo animal. Si es buena o no, depende de cómo se ha criado el animal, de qué ha comido y de cómo ha vivido. Las categorías se determinan en función de la ternura de las distintas partes.

GANADO VACUNO

Categorías de la carne de vacuno

- **Primera categoría**: el solomillo o filete, el lomo bajo, el lomo alto, las chuletas, la cadera, la babilla, la tapa y la contratapa.
- **Segunda categoría**: la espaldilla, la aguja, el morcillo y los vacíos.
- **Tercera categoría**: la falda, el pescuezo, el pecho y el rabo.

A más categoría, mayor precio.

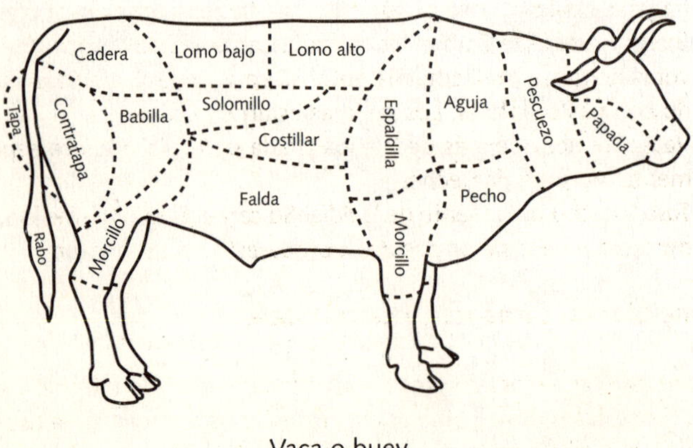

Vaca o buey

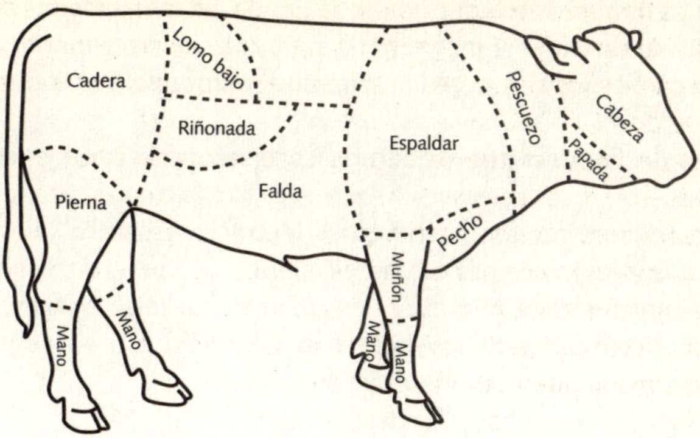

Ternera

Denominaciones según la edad del animal

- **Ternera**: Animal de menos de un año alimentado con leche. Carne blanca, tierna y con poca grasa.
- **Choto**: Animal de ocho meses.
- **Añojo**: También denominado ternera mayor. Tiene un año y se ha alimentado de piensos y heno. Tiene la carne rosada. Es más sabroso.
- **Cebón**: Animal muy joven gordo y grande. Ha sido muy cebado y ha pastado poco, por lo que su carne tiene mucha grasa blanca.
- **Buey**: Animal de 6 años. Es quizá la carne más deliciosa. Presenta vetas de grasa muy amarilla entre su carne roja. Ha sido alimentado con pasto natural. Los mejores están en Galicia.
- **Vaca**: Hembra de más de 2 años criada para el matadero especialmente, no para dar leche.
- **Toro**: Macho procedente de la lidia. Su carne es rojo bermellón, muy musculosa y de sabor peculiar porque está sin desangrar.

Carne blanca, carne roja y carne negra

La **blanca** es la de las aves de corral, el conejo, el cordero lechal y la ternera. Es de color claro, sabor suave; muy tierna y muy magra (no tiene grasa). Es la recomendada para las personas que tienen colesterol.

La carne **roja** es la de buey, vaca, toro, caballo y carnero. Estos animales pastan en libertad, por lo que tienen los músculos más desarrollados y su carne tiene más sabor. La grasa es de color marfil.

La carne **negra** es la de la caza, muy sabrosa pero más dura.

Piezas de vacuno que debemos comprar para cada guiso

- Para filetes gruesos poco hechos (entrecot, solomillo, *filet mignon* y *rumsteak*): solomillo, lomo y cadera.
- Para filetes comunes: punta de solomillo, babilla, tapilla y tapa.
- Para filetes empanados: tapa, babilla y vacío.
- Para rosbif: lomo alto y solomillo.
- Para asar: lomo bajo y cadera.
- Para guisos y estofados: contratapa, espaldilla, morcillo, aguja, aleta y rabo.

GANADO OVINO Y CAPRINO

Hasta el siglo XIX la carne de cordero era la que más se consumía en España. Los animales jóvenes tienen un sabor delicioso y delicado que con la edad varía aumentando en intensidad. El cabrito es muy apreciad, pero no le ocurre lo mismo a la cabra, de la que sólo se utiliza la leche (sobre todo para hacer quesos), ya que su carne es muy dura.

Categorías de la carne de ovino y caprino

- **Primera categoría:** pierna y chuletas.
- **Segunda categoría:** paletilla.
- **Tercera categoría:** pescuezo y falda.

Denominaciones según la edad del animal

- **Cordero lechal:** Sólo se ha alimentado de leche materna. Tiene la carne rosa pálido y muy poca grasa. Se sacrifican con menos de un mes y medio. Pesa menos de 8 kilos.
- **Ternasco:** No tiene más de cuatro meses y pesa menos de 13 kilos.
- **Cordero pascual:** Tiene entre cuatro meses y menos de un año. Su

carne es de color rosa oscuro, y la grasa, marfil. Tiene un sabor más intenso.

- **Carnero:** Cordero mayor. Tiene la carne de color rojo rodeada de grasa blanca.
- **Cabra:** Animal mayor, de carne dura y poco sabrosa.
- **Cabrito:** Animal muy joven que ha sido alimentado sólo con leche materna durante 1 mes más o menos. Su carne es muy tierna y sabrosa, como la del cordero lechal.
- **Chivo:** Animal que ha sido alimentado con leche materna durante ocho semanas y luego ha pastado. Su carne no es tan sabrosa como la del cabrito, pero también se utiliza, sobre todo en recetas sudamericanas.

Piezas de cordero y cabrito que debemos comprar para cada guiso

- Para asar: pierna, paletilla, barón (parte del costillar), silla (costillar completo).
- Para freír y para barbacoas: todo tipo de chuletas (de palo, de riñonada y de aguja).
- Para guisos y estofados: paletilla, cuello y falda.

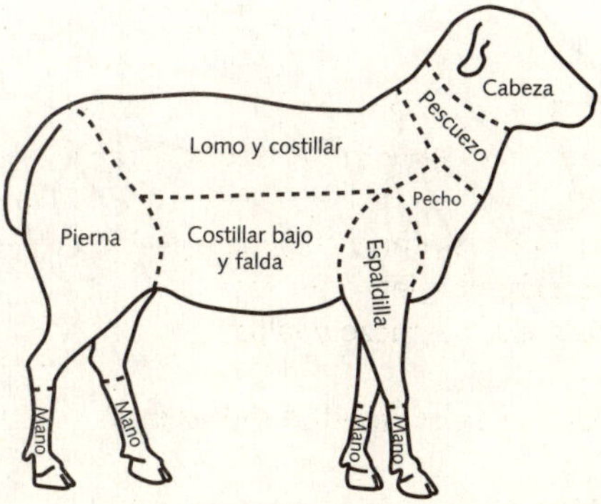

Cordero

GANADO PORCINO

La carne de cerdo es la que más se consume en el mundo, a pesar de que los musulmanes no la toman. Posiblemente es porque su cría es rápida y de bajo costo, pero también porque es un animal de gran utilidad en la cocina. De excelente relación precio/calidad, su carne está rica cocinada de cualquier forma.

Su carne es muy nutritiva pero también muy grasa. No está recomendada para enfermos del corazón. Tiene muchas vitaminas.

Categorías de la carne de porcino

Las categorías del cerdo son prácticamente las mismas que las de la vaca, aunque el cerdo tiene una más, la cuarta categoría. Como todos hemos escuchado muchas veces, «del cerdo todo se aprovecha». Es cierto. Así, la **cuarta categoría** comprende: panceta, papada, cabeza, codillos y patas.

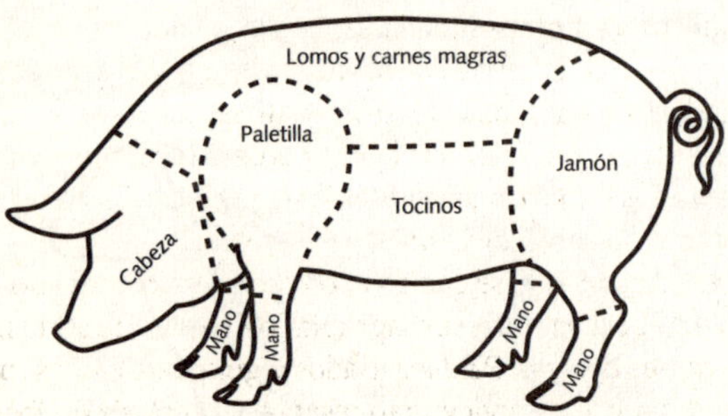

Cerdo

Denominaciones según la edad del animal

- **Cerdo:** Animal adulto que nace pesando 1 kilo y muere a los diez meses pesando de 100 a 150 kilos.

- **Cochinillo o lechazo:** Animal de pocas semanas que no llega a pesar 4 kilos.
- **Lechona:** Cerdo de meses pero de 8 kilos o más.

Del cerdo ibérico se hace el **jamón ibérico** y otros embutidos. Se alimenta de bellotas. Es mucho más delicioso que el cerdo blanco. También es bastante más caro.

Piezas de cerdo que debemos comprar para cada guiso

- Para asar: jamón, solomillo, cinta, paletilla, costillar y cabeza.
- Para freír y barbacoa: cinta, solomillo, chuletas, costillas, panceta y sesos.
- Guisos: costillas, codillo, aguja, manos, oreja y rabo.

CASQUERÍA

Casquería son las vísceras de los animales, la cabeza y las manos: hígado, corazón, riñones, criadillas (testículos), mollejas, sesos, cabeza, patas, lengua, morro y callos (intestinos).

Es un gran error comer sólo los músculos de los animales y no sus vísceras. En un animal criado de forma natural, las vísceras son las partes más sanas, con más vitaminas y nutrientes. Pero si los animales han sido alimentados con derivados químicos, sus vísceras habrán almacenado toxinas y no serán tan sanas.

Los vinos con los que se suelen acompañar las carnes son los tintos. Los tintos de ligera crianza son apropiados para embutidos, guisos y asados de carnes blancas. Para los asados y guisos de carnes rojas y caza son ideales los tintos reserva y gran reserva. Con el jamón ibérico combinan de maravilla, además de los tintos, los finos y las manzanillas.

CHEESE BURGER (HAMBURGUESA CON QUESO)

€

INGREDIENTES

4 panecillos de hamburguesa
400 de carne de vaca picada
4 lonchas de queso cheddar
1 cebolla
1 tomate grande
4 cucharadas de mayonesa (ver p. 26)
2 pepinillos
ketchup y mostaza
aceite de oliva virgen extra
sal
pimienta

Como siempre que compremos carne picada, elegiremos la pieza y pediremos que nos la piquen al momento. La carne que se compra envasada ya picada tiene conservantes. Hay gente que cree que, como la carne de cerdo es jugosa, las hamburguesas y las albóndigas se tienen que hacer con un poco de cerdo. Falso.

- Se compra en la carnicería un trozo de carne que nos guste de los de segunda categoría, por ejemplo, de aguja. Mejor de vaca que de ternera, pues es más sabrosa. Para hacer una buena hamburguesa la carne debe ser roja.
- Se forman las hamburguesas con la carne previamente salpimentada y se ponen en una plancha o sartén bien caliente engrasada con el aceite de oliva. Se hacen hasta que estén churruscadas por fuera. Lo ideal es que estén al punto, es decir, rosadas (crudas) por dentro.
- Mientras, se pela la cebolla y se corta en láminas muy finas. Se lava el tomate y se corta en rodajas. Se abren los panecillos por la mitad, se tuestan un poco por la parte interior en una plancha o en una sartén y después se untan ligeramente de mayonesa. En las bases de los panes se coloca un poco de pepinillo picado fino, 1 rodaja de cebolla y 1 de tomate.
- Nada más sacar las hamburguesas de la plancha se colocan cada una sobre la base de un pan y se pone encima una loncha de queso cheddar, que se fundirá con el calor de la hamburguesa.
- Se sirven bien calientes acompañadas de patatas fritas (ver p. 140) y ketchup y mostaza aparte.

ALBÓNDIGAS

€€

INGREDIENTES

700 g de carne de vaca o de ternera picada
2 huevos
2 cucharadas de perejil picado
1 plato con harina
70 g de pan rallado
1 diente de ajo
pimienta blanca
aceite para freír
sal

Para la salsa:

4 cucharadas de aceite
2 tomates maduros
2 cucharadas de harina (rasas)
sal
1 cebolla pequeña picada
2½ vasos de agua
unas hebras de azafrán

- En un bol grande se baten los huevos y se incorporan el pan rallado, la carne picada, y el ajo y perejil muy picados. Se salpimenta y se mezcla muy bien. Se pone un plato con harina y se van cogiendo porciones de carne con un tenedor y formando con las manos bolas pequeñas sobre la harina (así no se pegan luego al freírlas). Se reservan.
- Se prepara la salsa dorando la cebolla picada 5 minutos en 1 cucharada de aceite. Se añaden los tomates en trozos y se rehogan otros 8 minutos. Se agrega la harina y se remueve. Se echa el agua, las hebras de azafrán machacadas en un mortero en seco y la sal (el mortero se enjuaga con un poco de salsa). Se deja hervir y se reserva.
- En una sartén se pone abundante aceite y cuando esté caliente se fríen las albóndigas por tandas. Se sacan, se ponen sobre papel de cocina absorbente para quitar el exceso de grasa y se pasan a una cazuela.
- Se cuela la salsa con un chino sobre la cazuela de las albóndigas y se deja hervir todo junto a fuego lento durante 15 minutos.
- Se sirven bien calientes, acompañadas de patatas fritas o en puré (ver pp. 140 y 139).

STEAK TARTARE

€ € €

INGREDIENTES

800 g de lomo de vaca (entrecot)
2 cucharadas de alcaparras pequeñas
4 yemas de huevo
2 cebolletas
pimienta negra recién molida
sal

El steak tartare lo inventaron los cosacos cuando atravesaban las estepas rusas llevando debajo de las monturas de sus caballos la carne. Consiste en carne picada cruda condimentada.

- Se pica la carne con un robot o, mejor aún, con un buen cuchillo. Se sazona con sal y pimienta.
- Se pican muy finas las alcaparras bien escurridas, al igual que las cebolletas. Se mezclan con la carne en un bol, se incorporan las yemas de huevo y se vuelve a mezclar. También se pueden poner las yemas enteras en cada plato.
- Es importante picar la carne justo antes de ir a comer el steak tartare porque se deteriora muy rápido y no serviría para este plato. Por eso también se tiene que picar en casa y no en la carnicería.

TERNERA EN SU JUGO

€€

INGREDIENTES

1 kg de tapa de ternera en 1 trozo
2 huesos de vaca
pimienta y sal
2 cucharadas de manteca de cerdo
1 vaso pequeño de vino blanco
1 vaso de agua hirviendo

- En una cazuela se pone la manteca de cerdo y la carne encima. Es conveniente que el carnicero le ponga una malla para que no pierda su forma. Se ponen alrededor los huesos. Se tapa y se deja a fuego lento durante ½ hora.
- Cuando esté dorada por un lado se le da la vuelta (intentando no pincharla para que no suelte su jugo. Se salpimenta por ambos lados y se añade el vaso de vino y el de agua hirviendo, y se deja a fuego lento y tapada durante 1 hora.
- Se saca y se deja enfriar. Mientras, se cuela la salsa.
- Se quita la brida (la malla de cuerda) y se corta la carne en lonchas.
- Se sirve acompañada de puré de patatas (ver p 139).

ENTRECOT DE BUEY, SALSA DE PIMIENTO AMARILLO Y PATATAS PANADERA

€€€

INGREDIENTES

4 piezas de entrecot (lomo) de buey o vaca vieja (carne roja) deshuesadas (de unos 250 g cada una)
sal maldon
2 patatas grandes
1 cucharada de perejil picado

Para la salsa de pimiento amarillo:
3 pimientos amarillos (o rojos)
50 g de tocino
1 taza de caldo de verduras natural
2 cebolletas o cebollas
3 cucharadas de aceite de girasol
sal y pimienta blanca

Las partes más idóneas de buey para asar a la brasa (o a la plancha) son el solomillo, el lomo con la chuleta y el entrecot sin hueso.

- Se pelan los pimientos, escaldados previamente en agua hirviendo, y las cebolletas. Se pone en una sartén el tocino, a fuego lento, hasta que se derrita, y en ese momento se añade el aceite. Se agregan los pimientos y las cebolletas picados y se cuecen a fuego muy lento durante 15 minutos. Se añade el caldo y se deja reducir a la mitad de su volumen. Se salpimenta y se cuela la salsa si uno quiere.
- Se asa el entrecot en la parrilla (o en su defecto, en la plancha), unos 4 minutos por cada lado. Una vez listo, se corta cada pieza en 3 o 4 trozos.
- Se sirven los trozos de entrecot sobre una fuente caliente, se sazonan con los cristales de sal maldon (no durante la cocción, sino en el momento de servir) y se salsea alrededor con la salsa de pimiento amarillo. Se ponen en otra fuente las patatas panadera (ver p. 140) y se espolvorean por encima con perejil picado.

RAGÚ DE VACA

€

INGREDIENTES

1 kg de carne de vaca
2 cebollas
½ kg de zanahorias
1 taza de guisantes frescos pelados o 1 lata pequeña
2 cucharadas de tomate triturado en conserva
1 vaso pequeño de aceite
1 vaso pequeño de vino blanco
1 cucharada de harina
1 cucharadita de hierbas aromáticas o un buqué garni (atado de hierbas aromáticas)
sal

Para los guisos de carne lo ideal es comprar carne de segunda categoría: aguja, tapa, espaldilla o morcillo. El morcillo tiene ternillas y algo de grasa que lo hacen gelatinoso, tierno y meloso. Como es una carne que mengua, hay que calcular unos 250 g por persona.

- Se pide al carnicero que corte la carne en trozos cuadrados de unos 3 cm. Se pone el aceite en una cazuela y se van dorando los trozos y reservando.
- Se quita la mayor parte del aceite y se deja un poquito para dorar las cebollas, que se habrán picado finas, en la misma cazuela. Cuando está un poco dorada se añade la harina y se rehoga con la cebolla durante 5 minutos a fuego lento. Se añade la carne y el vino blanco y se cubre con agua. Se echa una pizca de sal y las hierbas aromáticas y se remueve. Cuando empiece a hervir se tapa y se deja cocer a fuego medio tirando a lento durante 1½ horas (20 minutos si se hace en la olla exprés).
- Después se añaden las zanahorias lavadas, raspadas y cortadas en rodajitas o en tiras, y el tomate, y se deja cocer ½ hora más. Diez minutos antes de terminar se añaden los guisantes (bien escurridos si son de lata).
- Se sirve bien caliente y puede tomarse como plato único. Está más rico de un día para otro.

COSTILLAS DE CERDO EN SALSA AGRIDULCE

€

INGREDIENTES

½ kg de costillas de cerdo en trozos pequeños (4 cm más o menos)
aceite de cacahuete o de girasol para freír
2 cucharaditas de salsa de soja clara
½ cucharadita de sal
pimienta blanca

Para la salsa:

1 pimiento verde picado grueso
1 cebolleta picada gruesa
1 zanahoria en rodajas finas
100 g de piña en trozos pequeños
1 cucharadita de jengibre rallado
½ cucharadita de ajo picado fino
3 cucharadas de vinagre de arroz blanco
2 cucharadas de azúcar
1 cucharada de salsa de soja clara
1 cucharada de ketchup
2 cucharadas de aceite de girasol

- Se mezclan en un bol la salsa de soja clara, sal y un pellizco de pimienta blanca. Se incorporan las costillas y se dejan macerando durante 20 minutos.
- En una sartén grande se calienta abundante aceite de cacahuete y cuando esté bien caliente (que un dado de pan se dore en 30 segundos) se fríen los trozos de costilla durante 8 minutos. Deben quedar churruscados. Se sacan, se ponen sobre papel de cocina absorbente para quitar el exceso de grasa, y se reservan.
- Se prepara la salsa mezclando en un bol el vinagre de arroz con el azúcar, la salsa de soja y el ketchup. Se reserva.
- Se pone 1 cucharada de aceite en una sartén grande o wok ya caliente y se saltean (a fuego vivo, moviéndolos) el pimiento, la cebolleta y la zanahoria durante 2 minutos. Se sacan y se reservan.
- Se limpia la sartén o wok con papel de cocina absorbente y, ya en el fuego, se echa 1 cucharada de aceite y se saltean el ajo y el jengibre durante 2 minutos, hasta que desprendan aroma. Se agrega la mezcla del bol de vinagre y cuando hierve se añaden los trozos de piña.
- Se agregan las costillas y el salteado de verduras. Se remueve y se sirve bien caliente.

SOLOMILLO DE CERDO EN CREMA DE LECHE Y AJOS

€€€

INGREDIENTES

800 g de solomillo de cerdo en una pieza entera
1 cucharada de mostaza al estragón
½ l de leche
8 cucharadas de leche evaporada
4 dientes de ajo con piel
6 cucharadas de aceite de oliva
½ cucharadita de pimienta blanca
nuez moscada
sal
unas hojas de salvia

- Se unta el trozo de solomillo entero con mostaza y sal. Se rehoga en una cazuela con el aceite, a fuego vivo, dándole vueltas para que se dore por todas partes. Cuando esté dorado se añaden los ajos con piel y unas hojas de salvia. A continuación se vierten la leche entera y la evaporada. Se cuece a fuego lento durante 30 minutos. Se sacan el solomillo, las hojas de salvia y los ajos de la cazuela. El solomillo se reserva.
- Los ajos se pelan y se trituran aplastándolos muy bien con un tenedor, y se reservan.
- La cazuela con la leche en la que se ha cocido el solomillo se deja al fuego para que reduzca hasta que quede cremosa. Se le echa ½ cucharadita o menos de pimienta blanca y una pizca de nuez moscada recién rallada. Se agrega el ajo en puré al final de la cocción y se mezcla muy bien.
- Se filetea el solomillo en lonchas finas y se napa con la crema de leche y ajos. Admite un acompañamiento vegetal, como una ensalada verde o de espinacas y/o patatas fritas (ver p 140).

LOMO DE CERDO A LA SAL

€€

INGREDIENTES

1 kg de lomo de cerdo
1 clara de huevo
2 kg de sal para hornear o sal gorda

- Se echa una capa de 1 cm de sal para hornear (vienen en bolsas de 1 o 2 kg) en el fondo de una fuente de horno. Se pone la cinta de lomo encima y se cubre totalmente con sal mezclada con la clara de huevo medio batida. Se pueden añadir unas gotas de agua para que sea más fácil amoldar la sal alrededor del cerdo.
- Se mete en el horno, precalentado a 180°, durante 1 hora más o menos. La costra de sal debe empezar a resquebrajarse sola.
- Se saca del horno y se rompe la sal. Se saca la cinta de lomo y se tira la sal.
- Se corta en lonchas muy finas. Puede servirse frío o caliente. Es un plato muy sabroso que no necesita salsa. Se puede acompañar con unas rodajas de tomate y unos pepinillos.

CONEJO A LA NARANJA

€€

INGREDIENTES

2 kg de conejo	**1 hoja de laurel**
2 cebollas pequeñas	**1 ramita de perejil fresco**
3 naranjas grandes	**1 cucharada de perejil picado**
6 cucharadas de aceite	**1 diente de ajo**
1 cucharada de harina	**1 ramita de tomillo**
1 vaso grande de vino blanco seco	**sal**

- Se compra el conejo cortado en trozos grandes. Se pone el aceite a calentar en una cacerola y se pocha la cebolla picada fina. Cuando se empieza coger color se añaden los trozos de conejo y se doran. A continuación se espolvorea todo con la harina, se remueve y se riega con el vino blanco.
- Se añade en 2 trozos la piel de 1 naranja, que se habrá lavado muy bien con cuidado de cortar sólo la parte de color naranja, pues el trozo blanco tiene un sabor muy amargo. Se añade el diente de ajo pelado y majado (aplastado con el borde del cuchillo), la ramita de perejil y el tomillo, y se cuece a fuego medio durante 45 minutos, tapado. Transcurrido ese tiempo se agrega el zumo de 2 naranjas y se deja cocer 15 minutos más.
- Antes de servir se retiran las pieles de naranja y se espolvorea con el perejil picado y la ralladura de 1 naranja.
- Se decora con gajos o rodajas de naranja.

HÍGADO ENCEBOLLADO

€€

INGREDIENTES

4 filetes de hígado de ternera (700 g)
3 cebollas
2 cucharadas de vinagre balsámico
2 cucharadas de mantequilla
1 cucharada de azúcar
3 cucharadas de aceite de oliva
1 cucharada de perejil picado fresco
un plato de harina
pimienta blanca
sal

De todos los hígados, el de ternera es el más apreciado. El de cerdo sólo se utiliza para preparaciones industriales. El hígado de ternera tiene muchísima vitamina A y está recomendado para las personas que tienen anemia.

- Se limpia el hígado como si fuera un filete de vaca, quitándole algún nervio que pudiera tener o algo de sangre.
- Se salpimentan los filetes de hígado y se pasan ligeramente por la harina.
- Se pelan las cebollas y se cortan en aros finos. Se ponen en una sartén con la mantequilla y se doran a fuego lento. Se añaden el vinagre, ½ cucharadita de pimienta, el azúcar y un pellizco de sal, y se deja que se ablanden unos minutos más.
- Se pone una sartén con el aceite a calentar a fuego lento. Se echan los filetes y se fríen también a fuego lento.
- Se sacan y se depositan sobre papel absorbente para quitarles el exceso de grasa.
- Se sirven con la preparación de cebolla por encima y espolvoreados con el perejil fresco picado.
- Combina muy bien con un puré de patata espeso (ver p. 139). En Cataluña suelen acompañarlo con alioli (ver p. 29).

CALLOS A LA MADRILEÑA

(Para 10 personas)

€€€

INGREDIENTES

1½ kg de callos troceados
500 g de morros
1 pata de ternera
150 g de chorizo para callos
150 g de morcilla para callos
4 cucharadas de aceite
½ guindilla
3 hojas de laurel
10 clavos de olor
nuez moscada rallada
2 dientes de ajo picados
1 cebolla entera
100 g de cebolla picada
1 cucharada de harina
1 tomate
1 cucharadita de pimentón
8 cucharadas de vinagre
½ cucharadita de pimienta blanca
sal

Ésta es la cantidad mínima que se debe preparar para que estén sabrosos y en el punto óptimo de gelatina. Por eso todas las recetas de callos son para 8-10 personas. Hay callos de un color blanco nuclear y otros con un tono algo más grisáceo; estos últimos son los mejores.

- Se pide en la casquería que nos corten los callos, los morros y la pata en trozos. Se lavan bien y se ponen con sal y el vinagre en una olla exprés destapada fuera del fuego. Se mueven hasta que el olor del vinagre desaparezca. Entonces se cubren de agua y se ponen a fuego vivo. Cuando el agua rompe a hervir se tira completamente.
- Se vuelven a cubrir con agua fría, se añaden las morcillas enteras, el laurel, la guindilla, la pimienta, los clavos, la nuez moscada rallada, la cebolla, los ajos, el tomate y se cierra la olla exprés. A partir del momento en que la olla empiece a silbar y a soltar vapor, se deja cociendo a fuego lento durante 1 hora.
- En los últimos 5 minutos de cocción se dora la cebolla picada en una sartén con el aceite. Se añaden entonces la harina, el pimentón y el chorizo en rodajas, y se remueve hasta que se tueste un poco.
- Se abre la olla, se vierte la preparación de la sartén dentro y se deja cocer todo 15 minutos más sin tapar.

ESCALOPES SANJACOBO

€€

INGREDIENTES

4 filetes de ternera o cerdo finos (700 g)
4 lonchas de queso para sándwich
4 lonchas de jamón de York
salsa bechamel (opcional)
4 cucharadas de harina
2 huevos
4 cucharadas de pan rallado
sal
aceite para freír

Se pueden comprar los filetes de ternera de tapa o de babilla. También están muy ricos, e incluso más jugosos, los de cerdo. Un buen filete empanado o sanjacobo (con queso y jamón) debe ser fino.

- Los filetes empanados de cualquier tipo deben prepararse y freírse el mismo día. Guardarlos en la nevera sin freír ya empanados es un error porque se humedece el empanado y luego no queda igual de bien.
- Se dan unos golpes a los filetes con un aplastador de carnes o con un rodillo y se salan.
- Se preparan 3 platos: uno con la harina, otro con el huevo batido y otro con el pan rallado. Se pone una loncha fina de queso y otra de jamón encima de cada filete y se pasan ligeramente por la harina. A continuación se mojan en el huevo batido y se rebozan en el pan rallado. Se les practican unos cortes en forma de rombos muy superficiales.
- Se fríen en la sartén con aceite caliente a fuego vivo pero no arrebatado.
- Se sacan cuando tengan un bonito color dorado y se secan con papel de cocina absorbente.

CORDERO ASADO

€€€€

INGREDIENTES

400 g de cordero por persona
1 vaso grande de agua
sal
azúcar

Hay muchas maneras de asar el cordero, pero en mi opinión la mejor es la más sencilla: con agua y sal. En algunos pueblos los panaderos asan los corderos de los vecinos en sus hornos de pan de esta manera.

- Se sala bien el cordero y se mete en el horno, precalentado a 180°, durante 1 hora y 30 minutos.
- Veinte minutos antes de sacarlo del horno se vierte en la bandeja el vaso de agua para que el cordero se mantenga húmedo. El agua también ayudará a soltar los jugos tostados del fondo de la bandeja.
- Cuando esté listo el cordero y su piel se vea tostada y crujiente, se saca y se desglasa la bandeja (en caliente se recogen los jugos pegados a la bandeja de asar) raspando con una cuchara de madera. Se rectifica de sal y se le añade una pizca de azúcar.
- Se sirve inmediatamente, pues debe estar bien caliente. Está muy rico acompañado de patatas panadera (ver p. 140) y una ensalada de escarola con granada.

JAMÓN ASADO CON FRUTOS SECOS DE NAVIDAD

(Para 8 o 10 personas)

€€

INGREDIENTES

1 pieza de jamón de cerdo de 1½ kg sin hueso
el zumo de 1 naranja
100 g de ciruelas pasas sin hueso
40 g de orejones
20 g de pasas
30 g de piñones
1 cebolla grande
8 cucharadas de aceite
1 cucharada de vinagre balsámico
1 copa de curaçao o de cualquier licor de naranja

Este asado de Navidad, alternativa al pavo y al cordero, bastante más caros, se puede preparar con cerdo ibérico o con cerdo blanco.

- Se pide al carnicero que limpie la grasa del jamón y nos lo ate para que al asarlo conserve su forma.
- Se ponen en remojo durante 4 horas, en un bol con el curaçao, las ciruelas, los orejones, las pasas y los piñones.
- Se calienta el aceite en una cazuela grande y se dora la carne por todas partes a fuego vivo. Se añade el zumo de naranja y la cebolla cortada en 4 trozos. Se añaden también los frutos secos cortados en trozos, junto con el licor que quede en el cuenco, y se deja dorar todo 3 minutos. A continuación se tapa la cazuela y se baja el fuego.
- Se deja asar a fuego lento durante unos 90 minutos (30 minutos en la olla exprés), hasta que al pinchar el jugo del cerdo salga claro.
- Se sacan el jamón y los frutos secos. Se tritura con la batidora la cebolla con los jugos de la fuente, que se desglasará (echar un líquido caliente a la bandeja y rasparla para recoger los jugos tostados) con un poco de vinagre caliente. Como la salsa pierde su color al triturarla, se pone en un cazo y se hierve para que lo recobre.
- Se quita la brida (cuerda) del jamón y se sirve en lonchas rodeado de los frutos secos y con la salsa aparte.
- Se acompaña con puré de manzana (ver p. 38), puré de castañas (ver p. 39) y puré de patatas (ver p. 139).

Postres y dulces

Se cree que el arte de la repostería fue una invención de los romanos o los griegos.

Al igual que las masas, los dulces, sean cremas o masas o un combinado de ambas, resultan muy económicos, pues los ingredientes base para todos los postres suelen ser la harina, los huevos, la mantequilla y el azúcar. No hay que olvidarse nunca de los postres, pues muchas personas prefieren comer poco y «reservarse» para ellos.

Las masas con levadura se utilizan para hacer bollería, como roscón de reyes, muffins, suizos, cruasanes, etc.

Otras masas, como las de las pastas de té o las de galletas no necesitan levadura, pero sí huevos, mantequilla, harina y agua.

Algunos dulces, como los buñuelos de viento o las torrijas, se pueden hacer friéndolos en aceite en vez de al horno.

Si queremos preparar recetas de repostería es fundamental que tengamos una báscula para pesar cantidades pequeñas, una manga pastelera, un rodillo, un molde de horno y una batidora con varillas acoplables. En repostería no es fácil improvisar si no se dominan las técnicas.

Las recetas que aquí se explican están al alcance de cualquiera.

BIZCOCHOS

La base de los bizcochos es harina, huevos y azúcar. Aunque hay muchos tipos que llevan mantequilla (los sobaos, el plum-cake), frutas confitadas, chocolate, frutos secos, etc.

Es importante tener en cuenta que cocinar bizcochos es muy fácil siempre que se sigan las instrucciones de la receta al pie de la letra. Si cambiamos cantidades o tiempos de cocción podemos arruinar el bizcocho.

También es importante saber que la harina hay que tamizarla antes de añadirla, y no hacerlo de golpe. Se llama «tamizar en forma de lluvia», porque se echa poco a poco a través de un colador.

El bizcocho de yogur

1 yogur
1 vaso de aceite
3 vasos de azúcar
4 vasos de harina
1 sobre de levadura
3 huevos
ralladura de 1 limón

(1 vaso de aceite, 3 vasos de azúcar, 4 vasos de harina: como vaso se utiliza el recipiente del yogur)

Este bizcocho es el que casi todo el mundo sabe hacer, porque viene la receta en las instrucciones del envase de la harina bizcochona. Sólo hay que batir todos los ingredientes (en el caso de la harina bizcochona no hace falta incorporar la levadura incorporada) con la batidora y echarlos en el molde.

La base de las tartas es bizcocho o masa quebrada.

CREPES

Los crepes son una mezcla de huevos, harina, leche y un poco de mantequilla. Son como tortitas finas que se rellenan de dulce (o salado). Son muy divertidos de preparar.

CREMAS

Otro elemento muy importante en los postres son las cremas, bien para tomar solas o como relleno de pasteles y tartas. La mayoría llevan huevos, como la crema pastelera, las natillas, la crema catalana y el flan, entre otras. Algunas no llevan huevos, como la crema batida o chantillí (nata).

MERENGUE

INGREDIENTES

€

4 claras de huevo

8 cucharadas de azúcar

Las claras montadas (merengue) sirven para muchas preparaciones en repostería, pero así, como merengue, suponen una delicia para niños y adultos.

Es muy importante separar bien las claras de las yemas y tener mucho cuidado de que no caiga nada de yema en las claras. Aunque antiguamente se separaban con las medias cáscaras del huevo pasando la yema de una a otra, es mejor hacerlo con las manos dejando caer las claras entre los dedos y sujetando las yemas, ya que las cáscaras pueden transmitir enfermedades.

- Se echan las claras en un bol —mejor si están a temperatura ambiente que frías de la nevera— y se baten con unas varillas hasta que cojan cuerpo y se pongan de un color blanco.
- Cuando están a medio batir se agrega parte del azúcar y se sigue batiendo. Así hasta 3 veces, cuando ya no debe quedar azúcar.
- Se sigue batiendo sin parar hasta que estén montadas a punto de nieve (tiene consistencia cremosa, espesa y brillante).
- El truco para saber si ya está listo es dar la vuelta al bol y que el merengue no se caiga.
- Lo mejor es hacerlo con unas varillas que se acoplan a la batidora, porque a mano es bastante laborioso.

CREMA PASTELERA

€

INGREDIENTES

¼ de litro de leche	**2 cucharaditas de agua fría**
3 yemas	**4 cucharadas de azúcar**
1 cucharada de harina de maíz	**la piel de 1 limón (o 1 vaina de vainilla)**

Todos deberíamos saber preparar crema pastelera. Es muy fácil de hacer, siempre tenemos los ingredientes en casa, es barata y constituye una delicia indispensable en repostería tanto para rellenos como para tomarla sola.

- En un cazo se baten las yemas con el azúcar y la harina de maíz, que se habrá disuelto en el agua fría.
- Mientras, se pone en un cazo la leche con la piel de limón, y cuando hierve se incorpora al cazo de las yemas, sin la piel, que se tira. Se pone al fuego y se remueve sin parar con una cuchara de madera hasta que espese (de 3 a 5 minutos). En cuanto esté espesa se retira rápido del fuego para que no se queme y se pasa a una fuente.
- Se deja enfriar cubriéndola con un poquito de mantequilla para que no forme una costra (simplemente pasando un trozo de mantequilla por la superficie de la crema),
- Se sirve fría sola o se utiliza para rellenar crepes, buñuelos, tartas, etcétera.

CREMA DE CHOCOLATE BLANCO

€

INGREDIENTES

100 g de chocolate blanco
1¼ vasos grandes de leche
100 g de azúcar
1¼ vasos grandes de nata para montar
7 yemas de huevo
cacao en polvo o unas hojas de menta fresca

El chocolate blanco está de moda. Preparemos, pues, esta sencilla crema de chocolate blanco, que sólo nos llevará unos minutos.

- En un cazo se funde el chocolate blanco en trocitos con la leche y la nata removiendo sin parar.
- Aparte se baten las yemas con el azúcar en un bol hasta que estén bien cremosas.
- Se añade a la mezcla del bol la preparación del chocolate blanco fundido y se mezcla bien.
- Se cuela sobre un cazo y se pone este a fuego lento al baño María (dentro de un cazo mayor con agua, para que el fuego no dé directamente sobre el preparado). Se remueve sin parar hasta que la crema espese un poquito. Se retira del fuego y se deja enfriar.
- Se reparte en copas y se sirve espolvoreada con cacao amargo en polvo (si no tenemos, chocolate negro rallado) o adornada con 1 hoja de menta fresca.

ARROZ CON LECHE

€

INGREDIENTES

8 cucharadas soperas de arroz de grano redondo
10 cucharadas soperas de azúcar
1 l de leche
la piel de 1 limón
agua
canela en polvo

Otro postre muy barato del que podemos hacer cantidad y conservar 2 o 3 días en boles cubiertos con papel de plástico en la nevera.

- En un cazo se pone bastante agua, y cuando hierve a borbotones se echa el arroz sin lavar. Se deja cocer 15 minutos, destapado y a fuego medio.
- Aparte se pone en una cacerola la leche con la piel de limón y se cuece a fuego lento.
- Se escurre el arroz, se incorpora a la cacerola de la leche y se deja otros 15 minutos.
- Fuera del fuego se añade el azúcar y se mezcla bien. Se vuelve a poner al fuego y se remueve durante 3 minutos. Debe quedar empastado; ésta es la razón por la que el arroz más adecuado para esta receta es el de grano redondo.
- Se sirve sin la piel de limón y espolvoreándolo con canela.
- Se puede tomar a temperatura ambiente o frío de la nevera.

FLAN DE QUESO

INGREDIENTES

€

400 g de queso de Burgos
1½ botes pequeños de leche condensada
2 vasos grandes de leche entera
6 huevos
esencia de vainilla
5 cucharadas de azúcar

Ésta es una alternativa al flan tradicional. El queso, como a todos los postres, le da más consistencia y un sabor delicioso.

- En un cazo se calienta el azúcar con unas gotas de agua hasta obtener un caramelo. Se vierte en un molde antiadherente o flanera cubriendo el fondo y las paredes.
- En un bol se mezcla bien el queso con la leche condensada, los huevos y unas gotitas de esencia de vainilla. Se rellena la flanera caramelizada con esta mezcla y se introduce en el horno, precalentado a 180°. Se deja cocer durante 45 minutos.
- Se saca del horno y se desmolda cuando esté frío.

TIRAMISÚ

€€

INGREDIENTES

1½ kg de bizcochos de soletilla
500 g de queso mascarpone
café
3 huevos
azúcar
chocolate en polvo o colacao para espolvorear

Postre italiano, económico, de fácil realización y, lo mejor, no hay que utilizar la cocina, pues su elaboración no requiere ni hornear ni calentar. El queso mascarpone es blanco y cremoso y se compra en tarrinas.

- Se prepara un café no muy fuerte y cuando esté frío se endulza con 3 cucharaditas de azúcar y se reserva.
- Se separan las claras de las yemas. En un bol se mezclan las yemas con el queso mascarpone y 3 cucharadas grandes de azúcar.
- Aparte, se baten las claras a punto de nieve (ver p. 277) y cuando estén listas se agregan al bol de las yemas y el queso. Se mezcla bien hasta que quede una pasta untuosa y sin grumos.
- Se empapan los bizcochos, uno a uno, sin que chorreen, en el café azucarado y se colocan en un recipiente rectangular. Se cubren con la mezcla de mascarpone, tapando bien los bizcochos, y se espolvorea con el cacao. Esta operación se repite hasta formar 3 capas, terminando con el polvo de cacao.
- El cacao para espolvorear hay que tamizarlo (pasarlo por un tamiz o colador fino para que se airee y quede fino).
- Se puede decorar por encima, combinando dibujos de cacao y de azúcar glas realizados con una plantilla (que podemos hacer con papel o complarla).

PASTAS DE TÉ

INGREDIENTES

Para 1 kg de patatas:

½ kg de harina
300 g de mantequilla
300 g de azúcar glas
4 yemas de huevo

Las pastas caseras son mucho más buenas que las que compramos por ahí —a no ser que sean de una buena pastelería, y en ese caso son caras—, porque las que hacemos en casa nos van a salir más o menos por el precio que nos cuesta un café en un bar. Es fenomenal preparar una buena cantidad y conservarlas en cajas cerradas, separándolas por capas con hojas de papel de estraza.

- La mantequilla debe estar en pomada (blandita, no dura de la nevera). Si no tenemos azúcar glas podemos sustituirlo por azúcar espachurrado con un rodillo o botella.
- Se forma una montaña con la harina, sobre una superficie limpia y lisa. Se hace un hueco en el centro y se echa el resto de los ingredientes; se atrae la harina sobre ellos y se mezclan entre sí (no se amasa mucho porque quedaría correosa).
- Se forma una bola y se deja reposar tapada en un lugar fresco durante 1 hora.
- Se aplasta con el rodillo hasta dejarla de 1 cm de espesor.
- Con un juego de cortapastas se hacen diversas formas (estrellas, lunas, corazones, etc.).
- Se unta un poco la placa del horno con mantequilla para que no se peguen y se ponen las pastas untadas con huevo batido con un pincel para que al salir del horno brillen. Se meten en el horno, precalentado a 175°, durante 15 minutos.
- Se pueden decorar de muchas maneras: metiendo la mitad de la pasta en chocolate fundido; bañándolas en mermelada cocida con azúcar; clavándoles (antes de hornear) una avellana u otro fruto seco, etcétera.

CREPES

€

INGREDIENTES

- ¼ de kg de harina
- 2 huevos
- 1 cucharada de aceite de girasol
- 1 pellizco de sal
- 1 cucharadita de azúcar
- 1 vaso grande con mitad y mitad de leche y agua

- En un bol grande o en una ensaladera se echa la harina mezclada con la sal. En el centro se hace un hueco y se echan los huevos y el aceite. Se mezcla muy bien con una cuchara de madera. Se intenta que no queden grumos y se va añadiendo poco a poco la mezcla de leche y agua, sin dejar de remover. Si queda demasiado espeso se añade un poco más de leche y agua. Como casi siempre quedan grumos, lo mejor es colar la masa por un colador de agujeros grandes, y en el caso de que haya demasiados grumos se puede mezclar en una batidora.
- Se tapa el bol de la masa con un paño húmedo y se deja reposar durante al menos 1 hora en un lugar fresco. Si no se dispone de ese tiempo se pueden hacer los crepes directamente sin que la masa repose.
- Se elije una sartén pequeña y con fondo antiadherente que no esté rayado ni estropeado (o mejor, una crepera). Se vierte un chorrito insignificante de aceite y se calienta bien inclinando la sartén para que todo el fondo quede engrasado. Si nos hemos pasado, lo sobrante se escurre en un tazón para reutilizarlo en el siguiente crep.
- Con un cacillo se echa un poco de la masa para que cubra toda la superficie de la sartén e inclinándola se reparte bien por toda la base. Se deja que se haga moviendo la sartén por el mango. Cuando está dorado se le da la vuelta con un golpe de brazo brusco en el aire (la primera vez parece difícil, pero es muy sencillo). Se sabe que está dorado porque empiezan a formarse burbujas y al mover la sartén se desprende del fondo. Se dora unos 30 segundos por cada lado.
- Según se van sacando se van amontonando en un recipiente con tapadera para mantenerlos calientes.
- Se sirven enrollados rellenos de azúcar, de mantequilla y azúcar, de chocolate, de mermelada…

PANELLETS DE NAVIDAD

€€€

INGREDIENTES

Para 1 kg de panellets:

½ kg de almendra molida
½ kg de azúcar
aceite
harina

Para los sabores:

1 puñado de piñones
1 puñado de pistachos
azúcar granulado
4 cucharadas de chocolate en polvo
4 cucharadas de coco rallado
1 trozo de membrillo (100 g más o menos)
4 cucharadas de café soluble
la ralladura de 4 limones
1 huevo

Estos dulces típicos de Cataluña están riquísimos pero también resultan muy caros si los compramos en vez de hacerlos en casa. Se preparan con mazapán, con distintos sabores y texturas. La receta que aquí proponemos resulta muy fácil, pues no es necesario elaborar el mazapán clásico, que resulta más trabajoso.

- Se mezclan en un bol grande la almendra molida y el azúcar, y se amasa con las manos. La grasa de la almendra hace que se forme una pasta; si no, siempre podemos añadir un poco de agua. La mitad de la masa se reserva.
- Con la otra mitad se forman con las manos bolas del tamaño de una nuez y se pasan unas por azúcar granulado, otras por piñones, otras por trozos de pistacho, etc. Se pintan con un pincel mojado en el huevo batido para que tomen un bonito color brillante.
- La otra mitad se divide en tantas partes como panellets de distintos sabores se quieran preparar, y se mezclan con café soluble, chocolate, coco, ralladura de limón…
- Los de membrillo se hacen metiendo trocitos de membrillo dentro.
- Se colocan en una placa de horno engrasada (se unta de aceite una pizca y se espolvorea ligeramente con harina) y se dejan en el horno, precalentado a 180°, 10 minutos escasos.

TARTA BRICK DE CREMA PASTELERA Y FRUTAS

€

INGREDIENTES

4 láminas de pasta brick
1½ cucharadas de mantequilla
8 fresones
unas hojas de menta
1 kiwi
2 melocotones
½ l de crema pastelera

Haremos esta tarta con frutas de temporada para que esté más buena. Así, en invierno sustituiremos los fresones por mandarinas, manzanas, plátanos, uvas…

Se compran las láminas de pasta brick en grandes superficies o tiendas especializadas.

- Se untan las láminas de pasta brick con mantequilla derretida por ambos lados y se doran en una bandeja de horno a 180° durante 3 minutos. Si no caben todas se hornean en tandas y se reservan.
- Se prepara una crema pastelera (ver p. 278) y se deja enfriar. (La crema resultante de 3 yemas y ½ l de leche será suficiente para la tarta.)
- Se pelan las frutas, se lavan los fresones y se laminan.
- Se pone en una fuente una lámina de pasta brick y se cubre de crema pastelera.
- Se reparten por encima las frutas en filas de colores —a gusto de cada uno— y se cubre con otra hoja de pasta brick, y así sucesivamente hasta terminar con una capa de brick espolvoreada con azúcar glas y un fresón entero de adorno o unas hojas de menta.

BROWNIES DE CHOCOLATE

(Para 10 brownies)

€

INGREDIENTES

4 huevos
300 g de azúcar
200 g de mantequilla
125 g de cobertura de chocolate negro
120 g de harina
10 g de nueces peladas
½ cucharadita de levadura en polvo
sal

- Se mezclan en un bol los huevos y el azúcar durante 5 minutos, hasta que esté espumoso.
- Se funde el chocolate (se debe comprar chocolate para fundir o cobertura) en el microondas y se añade la mantequilla. También se puede fundir en un cazo a fuego lento con la mantequilla.
- Aparte, se trocean las nueces y se mezclan con la harina tamizada (pasada por un colador), la levadura y una pizca de sal. Esta mezcla se echa sobre el chocolate, fuera del fuego, y se remueve muy bien hasta que no queden grumos. Se incorporan los huevos y el azúcar batidos y se mezcla bien.
- Se extiende en una placa de horno engrasada y espolvoreada de harina, y se mete en el horno, precalentado a 180°, durante 20 minutos. No deben quedar muy cocidos, sino jugosos.
- Se corta en porciones hermosas, cuadradas o rectangulares.
- Se pueden servir calientes acompañados de salsa de chocolate caliente y/o una bola de helado.

FRESAS CON VINAGRE BALSÁMICO Y CREMA DE YOGUR

€

INGREDIENTES

200 g de fresas o fresones
3 cucharadas de miel
3 cucharadas rasas de azúcar
1 ramita de canela
4 cucharadas de vinagre de Módena
8 cucharadas de agua

Para la crema de yogur:

3 vasos grandes de leche entera
2 cucharadas de leche en polvo descremada
4 yogures naturales
2 clavos de olor
una pizca de pimienta
una pizca de anís molido
unas hojas frescas de menta
miel

En primavera las fresas con nata nos encantan a todos. Así, especiadas, tienen un gusto peculiar y diferente. Las fresas combinan de maravilla con vinagre balsámico.

- Se limpian las fresas, se escurren ligeramente y se añade el azúcar. Se prepara un almíbar con el agua, la miel y la canela, poniendo todo en un cazo al fuego. Cuando hierve, se añade el vinagre y se apaga el fuego. Se echan en este líquido las fresas y se dejan en infusión hasta que se enfríen. Se retira la ramita de canela.
- Para la crema de yogur, se pone al fuego la leche con las especias y se deja calentar a fuego muy lento sin que hierva. Después se añade la leche en polvo y se remueve perfectamente. Se deja enfriar y se añaden los yogures, sin dejar de remover.
- Se coloca en el fondo de un plato hondo o cuenco individual las fresas con su jugo agridulce, y sobre ellas unas cucharadas de yogur especiado. Se decora y endulza con un poco de miel por encima y 1 hoja de menta.

CRUMBLE DE FRUTAS

€

INGREDIENTES

2 tazas de harina
1 taza de mantequilla
¼ de taza de azúcar
un pellizco de sal

Para la fruta:
450 g de fruta de temporada sin hueso
3 cucharadas de azúcar

Ésta es una de las recetas de repostería más fáciles y rápidas de hacer. El más clásico es el de manzana, pero con cualquier otra fruta fresca puede quedar muy rico.

- Se introducen todos los ingredientes de la masa del crumble en un robot de cocina, en el vaso de la batidora o, si no tenemos ni uno ni otro, simplemente se mezclan y se amasan los ingredientes a mano. La masa debe quedar como migas de pan gruesas.
- Se pone la fruta (manzanas, fresas, melocotones, etc.) bien lavada, pelada y cortada en dados en una fuente de horno o molde que no sea demasiado profundo. Se espolvorea sobre la fruta el azúcar y se echan por encima las migas de crumble. Se dan unos meneos a la mezcla agitando la bandeja para que se reparta bien todo y se asiente.
- Se introduce en el horno, precalentado a 200°, durante ½ hora (o hasta que esté dorado).

TARTA DE CREMA DE LIMÓN

€

INGREDIENTES

- 1 molde forrado de masa quebrada
- 8 huevos
- ½ vaso grande de leche condensada
- 3 tazas de azúcar glas
- ½ vaso grande de nata líquida
- 1 vaso de zumo de limón

Esta tarta de limón es muy buena y fácil de hacer. Se puede comprar la masa quebrada ya hecha o hacerla en casa (ver p.192).

- Se forra un molde para tartas de muy poca altura con la masa quebrada siguiendo las instrucciones del fabricante. Con los dedos ajustamos bien el fondo y los bordes, presionando con los pulgares. Se quita lo que sobresalga por los bordes.
- Como esta tarta tiene un relleno un poco húmedo, se pinta la masa, ya puesta en el molde, con los huevos batidos con la ayuda de un pincel, para que la impermeabilicen. Así se mantendrá seca y crujiente.
- Se mete el molde con la masa en vacío en el horno, precalentado a 180°, durante 15 minutos.
- Mientras, se prepara el relleno mezclando en un bol el azúcar y la mantequilla en pomada (blanda); a continuación, la leche condensada, la nata y el zumo de limón.
- Se pone el relleno dentro del molde y se hornea a 180° durante 40 minutos más o menos. Debe cuajar casi por completo, excepto el centro de la tarta. Los bordes deben quedar dorados.
- Se sirve fría y se puede espolvorear con azúcar glas, adornar con unas hojas de menta, con nata líquida, con ralladura de limón…

BIZCOCHO SENCILLO Y LIGERO

€

INGREDIENTES

4 huevos
8 cucharadas de azúcar
4 cucharadas de harina colmadas

Éste es el bizcocho más sencillo y auténtico del mundo. Hay muchos tipos de bizcochos: con mantequilla, con levadura, con yogur, con limón, etc. Éste sólo lleva huevos, azúcar y harina. Me enseñó a hacerlo mi madre hace años y hoy sigue siendo el que más me gusta.

Los consejos de mi madre, la experta en este bizcocho son: engrasar y espolvorear de harina el molde siempre antes de empezar, aunque sea antiadherente; echar la harina siempre a mano y nunca batirla, y preparar el merengue con huevos a temperatura ambiente y no de la nevera.

- Se separan las yemas de las claras y se ponen en un bol las claras y en una taza las yemas.
- Se baten las claras con las varillas de la batidora hasta conseguir un punto de nieve muy firme (merengue consistente). Se añaden las cucharadas de azúcar una a una, sin dejar de batir hasta que el merengue esté muy duro y brillante. A continuación se agregan las yemas y se vuelve a batir hasta que el merengue se ponga amarillo —esta operación se hará muy rápido para que el merengue no baje—. Por último, se añade la harina y se va mezclando sin batir, con una cuchara o espátula y realizando movimientos envolventes. También se hace rápido para que no baje.
- Se introduce en un molde engrasado y enharinado ligeramente y se mete en el horno, precalentado a 175°, de 25 a 35 minutos.
- Durante los primeros 15 minutos no se puede abrir la puerta porque el bizcocho no subiría. Cuando esté dorado se puede pinchar con una brocheta metálica o con un pinchabizcochos; si el pincho sale seco, sin bizcocho pegado, es que ya está.
- Se deja enfriar antes de desmoldar. Debe quedar muy esponjoso.

TORRIJAS

€

INGREDIENTES

2 barras de pan normal
6 huevos
1 l de aceite de oliva
2 l de leche
6 cucharadas de azúcar
canela en polvo

Un postre o merienda muy humilde y barato pero que, bien hecho, es una maravilla.

- En una cazuela se calienta la leche con el azúcar, removiéndolo y sin dejar que llegue a hervir.
- Se corta el pan en rebanadas gruesas (de 2 cm más o menos) y se colocan en una fuente sin que se pisen unas a otras. Se va vertiendo la leche poco a poco sobre las rebanadas según la van absorbiendo. Se dejan unos minutos hasta que el pan esté blandito.
- Se pone una sartén grande a calentar con el aceite. Al lado se dispone un bol con los huevos batidos. Se van empapando las torrijas en el huevo y de ahí se pasan a la sartén y se fríen por tandas.
- Cuando estén doradas por los lados se sacan y se ponen sobre papel de cocina absorbente para quitar el exceso de aceite.
- Se sirven frías del tiempo, espolvoreadas con azúcar y, si se quiere, con un poco de canela.

Apéndices

Normas de educación en la mesa

Como ya he dicho en la introducción del libro, estas normas de educación —sentido común— en la mesa no pretenden ser una guía finolis de protocolo de esas que tanto abundan y que a mí me parecen ridículas. Son unos consejos para sentirnos cómodos y hacer que los demás se sientan bien.

- Detalle. Si nos invitan a comer a una casa, nunca está de más llevar un pequeño obsequio: unas flores, un queso, una botella de vino... Si todos los demás han llevado algo menos nosotros, podemos sentirnos mal.
- Elegir el mejor sitio. Nunca hay que lanzarse a la mesa a coger el mejor sitio, esto es, el que tiene la silla más cómoda o las mejores vistas de la casa o del restaurante. Es más generoso esperar a que otros se sienten, aunque pueda tocarnos mirando a la pared.
- Esperar para empezar. Si nos invitan a comer, aunque en la mesa ya haya comida servida, debemos esperar a que empiece el anfitrión. Me da pena ver a una amiga mía que cuando está ultimando la comida en la cocina sus hijos ya han empezado a comer sin esperarla.
- Disposición de los comensales. Aunque sea un rollo, alguien tiene que hacerlo. Si somos los anfitriones está bien que indiquemos dónde ha de sentarse cada uno para no poner juntas ni a parejas —ya lo están todos los días— ni a personas que se caigan mal o que no hablen el mismo idioma. Hay que facilitar la conversación.
- Centros de mesa. Por la misma razón no pondremos centros de mesa tan altos que los invitados no puedan ver la cara de la persona que tienen enfrente.

- Temas de conversación prohibidos. Cualquier conversación que verse sobre enfermedades o sea escatológica es inapropiada en la mesa.
- No elegir la comida a la hora de servirse. Debemos servirnos la ración que esté más cerca de nosotros. En el caso de las aves no debemos manifestar con entusiasmo «Yo, pata, que es más jugosa».
- No tomar el mando y servir a todos siguiendo el lema de «Quien parte y reparte se lleva la mejor parte», ni servir a nuestra pareja, hijos o colegas los mejores bocados.
- Adoptar una buena postura. Aunque parezca una tontería, se digiere mejor si mantenemos la espalda recta; y si comemos todos los días con una buena postura, a la larga será muy beneficioso para nuestros huesos. Además de que es más bonito.
- No llevar la boca a la comida sino la comida a la boca. Esto es un apéndice del apartado anterior.
- Adoptar una buena postura de codos y coger bien los cubiertos. Esto, más que por elegancia, es porque lo contrario es una faena para el comensal sentado a nuestro lado. Es muy desagradable comer con un codo ajeno empotrado en el costado.
- El pan, a la izquierda. Igual que hay una norma que determina que los coches vayan por la derecha en las carreteras para que haya un orden, el pan se pone siempre a la izquierda. Si entendemos algo tan sencillo como esto, no nos comeremos el pan que no nos corresponde, provocando un lío entre comensales.
- El pan. Si nuestro pan se termina es mejor servirnos más que comernos el del comensal de nuestro lado.
- Disposición de los cubiertos. Ocurre lo mismo que con el pan. Hay una norma que está cimentada en los diestros. Así, el pan y los tenedores se cogen con la mano izquierda; y cuchillos, cucharas y vasos, con la derecha.
- «¡Que aproveche!» Es un detalle cariñoso decir que aproveche e incluso en algunos sitios es inevitable decirlo. Pero por norma general es mejor no hacerlo. Los extranjeros quedan exentos de esta norma, porque es lo primero que aprenden a decir además de «Con mucho gusto» y les parece de lo más pintoresco.
- El dedo meñique disparado. Pasa algo parecido a eso de «Que aproveche». Aunque pueda parecernos muy fino sujetar el vaso o la taza con el meñique apuntando al cielo, es mejor no hacerlo.
- La boca debe estar cerrada mientras se come. Aunque tengamos muchas ganas de intervenir en un momento álgido de la conversa-

ción y sea muy interesante lo que queramos decir, no debemos hablar con la boca llena porque puede producir asco entre el resto de los comensales.

- Tos. Igual que en el apartado anterior, si eventualmente nos viniera un acceso de tos intentaremos reprimirlo hasta haber tragado el bocado que tengamos en la boca, sea tortilla francesa, por ejemplo, o cualquier otro alimento líquido o sólido.
- Cubierto de pescado. Si nos invitan a comer pescado y hay una especie de cuchillo sin sierra ni filo, es que es un cubierto para pescado. No se usa para cortarlo, sino para separar su carne con delicadeza, y con la ayuda del tenedor. Debemos utilizarlo, no intentar cortar el pescado con el tenedor.
- Crítica gastronómica. Si nos invitan a comer, sea a una casa o a un restaurante, debemos alabar la comida y la casa y no hacer una crítica explicando los defectos de la realización de los platos o cómo estaría mejor decorada la estancia. De la misma manera, en el restaurante no debemos decir a nuestro anfitrión «Yo ya estuve en este restaurante en el pasado y veo que ha perdido mucho».
- Ruido. Intentaremos no hacer ruidos, ni durante la masticación y deglución, ni raspando el plato con el cuchillo, produciendo sonidos que pueden dar grima al resto de los comensales.
- Recoger. I. Si somos los anfitriones, debemos recoger poco a poco, por fases, no apilando los platos sucios unos sobre otros y poniendo encima los restos de comida de los comensales en la misma mesa.
- Recoger II. Tampoco debemos no recoger y obligar a nuestros invitados a disfrutar de una sobremesa con huesos de cordero y ensalada de cebolla.
- Recoger III. Si, por el contrario, somos los invitados, aunque tengamos muchas ganas de mostrar que somos colaboradores, debemos ayudar al anfitrión pero no ejercer de mesoneros y ponernos a recoger todo compulsivamente. El anfitrión es quien debe dirigir la operación y hacerlo de manera que no se note y que no se levante todo el mundo de la mesa.
- Vino. Aunque tengamos ganas de beber mucho vino, es mejor servirnos 4 copas con dos dedos de su capacidad que llenar una hasta el borde.
- Enjuagues. Si se nos quedaran alimentos densos, como miga de pan o carnes, entre las encías, no debemos aprovechar un trago de agua o

de vino para enjuagarnos con disimulo en la mesa. Es mejor intentar, en seco, que el alimento siga su camino.

- El cuarto de baño. Si en plena comida sintiéramos necesidad de ir al cuarto de baño podemos ir, pero no es necesario que informemos al resto de los comensales de qué nos disponemos a hacer allí exactamente.
- Palillos. Si nos han quedado restos de comida entre los dientes podemos utilizar palillos o hilo dental (en el cuarto de baño).
- Gracias. Por último, tanto si somos invitado como anfitrión, debemos dar las gracias al despedirnos. A uno por invitarnos y al otro por venir.

FUENTES: Ninguna. Me he fijado en amigos, conocidos y personas a las que he observado en restaurantes, con cariño y sentido del humor.

Tabla de alimentos por temporada

ENERO

Verduras	Frutas	Pescados-Mariscos	Carnes
Acelga	Aguacate	Almeja	Becada
Alcachofa	Castaña	Angula	Capón
Apio	Chirimoya	Besugo	Cerdo
Berro	Kiwi	Bogavante	Cochinillo
Calabaza	Limón	Calamar	Codorniz
Cardo	Mandarina	Carabinero	Conejo
Cebolla	Manzana	Chirla	Conejo de monte
Cebollita	Naranja	Cigala	Cordero
Col de Bruselas	Pera de agua	Congrio	Faisán
Coliflor	Piña	Gallo	Gallina
Champiñón	Plátano	Gamba	Hígado
Endibia	Pomelo	Langosta	Jabalí
Escarola	Uva	Langostino	Liebre
Espinaca		Lenguado	Pato
Lechuga		Lubina	Pavo
Lombarda		Mejillón	Perdiz
Nabo		Merluza	Pollo
Puerro		Ostra	Riñón
Remolacha		Palometa	Sesos
Repollo		Pescadilla	Ternera
Zanahoria		Pez espada	Vaca
		Quisquilla	Venado
		Rape	
		Rodaballo	
		Salmonete	

FEBRERO

Verduras	Frutas	Pescados-Mariscos	Carnes
Acelga	Aguacate	Almeja	Becada
Alcachofa	Almendra	Angula	Cerdo
Alubia	Chirimoya	Besugo	Cochinillo
Apio	Kiwi	Bogavante	Codorniz
Calabaza	Limón	Calamar	Conejo
Cardillo	Manzana	Carabinero	Conejo de monte
Cardo	Naranja	Chirla	Cordero
Cebolla	Nuez	Cigala	Faisán
Cebolleta	Pera	Congrio	Gallina
Cebollita	Pera de agua	Gallo	Jabalí
Champiñón	Piña	Gamba	Liebre
Col de Bruselas	Plátano	Langosta	Pato
Coliflor	Pomelo	Langostino	Perdiz
Endibia		Lenguado	Pollo
Escarola		Lubina	Ternera
Espinaca		Mejillón	Vaca
Grelo		Merluza	Venado
Guisante		Ostra	
Judía verde		Palometa	
Judía verde francesa		Pescadilla	
Lechuga		Pez espada	
Lombarda		Quisquilla	
Nabo		Rape	
Puerro		Rodaballo	
Remolacha		Salmón	
Repollo		Salmonete	
Zanahoria			

MARZO

Verduras	Frutas	Pescados-Mariscos	Carnes
Acelga	Aguacate	Almeja	Cerdo
Alcachofa	Fresa	Angula	Cochinillo
Alubia	Fresón	Besugo	Conejo
Apio	Kiwi	Bogavante	Cordero
Calabaza	Limón	Calamar	Gallina
Cardillo	Manzana	Carabinero	Pollo
Cebolla	Naranja	Chirla	Ternera
Cebolleta	Pera	Cigala	Vaca
Cebollita	Pera de agua	Congrio	
Col de Bruselas	Piña	Gallo	
Coliflor	Plátano	Gamba	
Endibia	Pomelo	Langosta	
Espárrago triguero		Langostino	
Guisante		Lenguado	
Judía verde		Lubina	
Judía verde francesa		Mejillón	
Lechuga		Merluza	
Lombarda		Ostra	
Nabo		Palometa	
Pimiento verde		Pescadilla	
Puerro		Quisquilla	
Remolacha		Rape	
Repollo		Rodaballo	
Tomate		Salmón	
Zanahoria		Salmonete	

ABRIL

Verduras	Frutas	Pescados-Mariscos	Carnes
Acelga	Aguacate	Almeja	Cerdo
Alcachofa	Fresa	Angula	Cochinillo
Alubia	Fresón	Besugo	Conejo
Apio	Kiwi	Bogavante	Cordero
Calabaza	Limón	Calamar	Gallina
Cardillo	Manzana	Carabinero	Pollo
Cebolla	Naranja	Chirla	Ternera
Cebolleta	Pera	Cigala	Vaca
Cebollita	Pera de agua	Congrio	
Champiñón	Piña	Gallo	
Espárrago triguero	Plátano	Gamba	
Espinaca	Pomelo	Langosta	
Guisante		Langostino	
Judía verde		Lenguado	
Judía verde francesa		Lubina	
Lechuga		Mejillón	
Nabo		Merluza	
Pimiento verde		Mero	
Puerro		Ostra	
Remolacha		Palometa	
Repollo		Percebe	
Tirabeque		Pescadilla	
Tomate		Quisquilla	
Zanahoria		Rape	
		Rodaballo	
		Salmón	
		Salmonete	

MAYO

Verduras	Frutas	Pescados-Mariscos	Carnes
Acelga	Aguacate	Besugo	Conejo
Alcachofa	Albaricoque	Bogavante	Cordero
Alubia	Breva	Boquerón	Gallina
Apio	Cereza	Calamar	Pollo
Berenjena	Ciruela	Carabinero	Ternera
Calabacín	Frambuesa	Chirla	Vaca
Calabaza	Fresa	Cigala	
Cebolla	Fresón	Congrio	
Cebolleta	Grosella	Gallo	
Cebollita	Kiwi	Gamba	
Champiñón	Limón	Langosta	
Espárrago	Manzana	Langostino	
Espinaca	Melocotón	Lenguado	
Guisante	Naranja	Lubina	
Judía verde	Níspero	Mejillón	
Judía verde francesa	Pera	Merluza	
Lechuga	Pera de agua	Mero	
Nabo	Piña	Percebe	
Pimiento verde	Plátano	Pescadilla	
Puerro	Pomelo	Rape	
Remolacha	Sandía	Rodaballo	
Seta		Salmón	
Tirabeque		Salmonete	
Tomate		Sardina	
Zanahoria		Trucha	

JUNIO

Verduras	Frutas	Pescados-Mariscos	Carnes
Acelga	Aguacate	Bogavante	Conejo
Berenjena	Albaricoque	Bonito	Cordero
Calabacín	Breva	Boquerón	Gallina
Calabaza	Cereza	Calamar	Pollo
Cebolla	Ciruela	Carabinero	Ternera
Cebollita	Frambuesa	Chirla	Vaca
Champiñón	Fresa	Cigala	
Espárrago	Fresón	Congrio	
Judía verde	Grosella	Gallo	
Lechuga	Kiwi	Gamba	
Pepino	Manzana	Langosta	
Puerro	Melocotón	Langostino	
Remolacha	Melón	Lenguado	
Repollo	Níspero	Lubina	
Tomate	Paraguaya	Mejillón	
Zanahoria	Pera	Merluza	
	Piña	Mero	
	Plátano	Percebe	
	Sandía	Pescadilla	
		Rape	
		Rodaballo	
		Salmón	
		Sardina	
		Trucha	

JULIO

Verduras	Frutas	Pescados-Mariscos	Carnes
Acelga	Aguacate	Bogavante	Conejo
Berenjena	Ciruela	Bonito	Gallina
Calabacín	Higo	Boquerón	Pollo
Cebolla	Kiwi	Calamar	Ternera
Judía verde	Limón	Cangrejo de río	Vaca
Lechuga	Manzana	Carabinero	
Pepino	Melocotón	Cigala	
Pimiento verde	Melón	Congrio	
Puerro	Naranja	Chirla	
Remolacha	Paraguaya	Gallo	
Tomate	Pera	Gamba	
Zanahoria	Piña	Langosta	
	Plátano	Langostino	
	Pomelo	Lenguado	
	Sandía	Lubina	
	Uva	Merluza	
		Mero	
		Pescadilla	
		Rape	
		Rodaballo	
		Salmón	
		Sardina	
		Trucha	

AGOSTO

Verduras	Frutas	Pescados-Mariscos	Carnes
Acelga	Aguacate	Bogavante	Codorniz
Berenjena	Ciruela	Bonito	Conejo
Calabacín	Higo	Boquerón	Gallina
Cebolla	Kiwi	Calamar	Pollo
Judía verde	Limón	Cangrejo de río	Ternera
Lechuga	Manzana	Carabinero	Vaca
Pepino	Melocotón	Chirla	
Pimiento verde	Melón	Cigala	
Puerro	Naranja	Congrio	
Remolacha	Pera	Gallo	
Tomate	Piña	Gamba	
Zanahoria	Plátano	Langosta	
	Pomelo	Langostino	
	Sandía	Lenguado	
	Uva	Lubina	
		Merluza	
		Pescadilla	
		Rape	
		Rodaballo	
		Sardina	
		Trucha	

SEPTIEMBRE

Verduras	Frutas	Pescados-Mariscos	Carnes
Acelga	Aguacate	Almeja	Becada
Berenjena	Ciruela	Bogavante	Codorniz
Calabacín	Higo	Bonito	Conejo
Cebolla	Kiwi	Boquerón	Conejo de monte
Judía verde	Limón	Calamar	Faisán
Lechuga	Manzana	Cangrejo de río	Gallina
Pepino	Melocotón	Carabinero	Liebre
Pimiento rojo	Melón	Chirla	Pato
Pimiento verde	Naranja	Cigala	Perdiz
Puerro	Pera	Congrio	Pollo
Remolacha	Piña	Gallo	Ternera
Tomate	Plátano	Gamba	Vaca
Zanahoria	Pomelo	Langosta	
	Uva	Langostino	
		Lenguado	
		Lubina	
		Merluza	
		Pescadilla	
		Rape	
		Rodaballo	
		Sardina	

OCTUBRE

Verduras	Frutas	Pescados-Mariscos	Carnes
Acelga	Aguacate	Almeja	Becada
Alcachofa	Chirimoya	Besugo	Cerdo
Apio	Ciruela	Bogavante	Cochinillo
Berenjena	Kiwi	Boquerón	Codorniz
Calabacín	Limón	Calamar	Conejo
Calabaza	Manzana	Carabinero	Conejo de monte
Cebolla	Melón	Chirla	Cordero
Cebollita	Naranja	Cigala	Faisán
Coliflor	Pera	Congrio	Gallina
Espinaca	Pera de agua	Gallo	Jabalí
Judía verde	Piña	Gamba	Liebre
Lechuga	Plátano	Langosta	Pato
Lombarda	Pomelo	Langostino	Perdiz
Pimiento rojo	Uva	Lenguado	Pollo
Pimiento verde		Lubina	Ternera
Puerro		Mejillón	Vaca
Remolacha		Merluza	Venado
Repollo		Ostra	
Tomate		Pescadilla	
Zanahoria		Pez espada	
		Rape	
		Rodaballo	
		Sardina	

NOVIEMBRE

Verduras	Frutas	Pescados-Mariscos	Carnes
Acelga	Aguacate	Almeja	Becada
Alcachofa	Castaña	Angula	Cerdo
Apio	Chirimoya	Besugo	Cochinillo
Berenjena	Kiwi	Bogavante	Codorniz
Calabaza	Limón	Breca	Conejo
Cardo	Mandarina	Calamar	Conejo de monte
Cebolla	Manzana	Carabinero	Cordero
Cebollita	Melón	Chirla	Faisán
Col de Bruselas	Membrillo	Cigala	Gallina
Coliflor	Naranja	Congrio	Jabalí
Champiñón	Pera amarilla	Gallo	Liebre
Endibia	Pera de agua	Gamba	Molleja de ternera
Escarola	Piña	Langosta	Pato
Espinaca	Plátano	Langostino	Perdiz
Grelo	Pomelo	Lenguado	Pollo
Lechuga	Uva	Lubina	Ternera
Lombarda		Mejillón	Vaca
Nabo		Merluza	Venado
Pimiento rojo		Ostra	
Pimiento verde		Pescadilla	
Puerro		Pez espada	
Remolacha		Rape	
Repollo		Rodaballo	
Setas-níscalos			
Tomate			
Zanahoria			

DICIEMBRE

Verduras	Frutas	Pescados-Mariscos	Carnes
Acelga	Aguacate	Almeja	Becada
Alcachofa	Almendra	Angula	Cerdo
Apio	Castaña	Besugo	Cochinillo
Calabaza	Chirimoya	Bogavante	Codorniz
Cardo	Kiwi	Calamar	Conejo
Cebolla	Lima	Carabinero	Conejo de monte
Cebollita	Limón	Chirla	Cordero
Col de Bruselas	Mandarina	Cigala	Faisán
Coliflor	Manzana	Congrio	Gallina
Champiñón	Naranja	Gallo	Jabalí
Endibia	Nuez	Gamba	Liebre
Escarola	Pera	Langosta	Pato
Espinaca	Pera de agua	Langostino	Perdiz
Grelo	Piña	Lenguado	Pollo
Lechuga	Plátano	Lubina	Ternera
Lombarda	Pomelo	Mejillón	Vaca
Nabo	Uva	Merluza	Venado
Pimiento rojo		Ostra	
Puerro		Palometa	
Remolacha		Pescadilla	
Repollo		Pez espada	
Setas-níscalos		Quisquilla	
Zanahoria		Rape	
		Rodaballo	
		Salmonete	

Diccionario gastronómico en cuatro idiomas

Español	English	Français	Deutsch
VERDURAS	VEGETABLES	VÉGÉTAUX	GEMÜSE
Cardo	Cardoon	Cardon	Karden
Endibias	Endive	Endives	Endivien
Espárragos	Asparagus	Asperges	Spargel
Espinadas	Spinach	Épinards	Spinat
Pimientos	Peppers	Poivrons	Paprika
Coliflor	Cauliflower	Chou-fleur	Blumenkohl
Aguacate	Avocado	Avocat	Avokado
Puerros	Leeks	Poireaux	Lauch
Tomates	Tomatoes	Tomates	Tomaten
Alcachofas	Artichokes	Artichauts	Artischocken
Berenjenas	Aubergines	Aubergines	Auberginen
Calabacín	Marrows	Courgettes	Zucchini
Patatas	Potatoes	Pommes de terre	Kartoffeln
Judías verdes	Green beans	Haricots verts	Grüne Bohnen
Lechuga	Lettuce	Laitue	Kopfsalat
Habas	Broad beans	Fèves	Dicke Bohnen
Guisantes	Green peas	Petits pois	Erbsen

Español	English	Français	Deutsch
ARROCES Y PASTA	RICE AND PASTA	RICES ET PASTA	REIS UND PASTA
Espaguetis	Spaguetti	Spaghetti	Spaghetti
Canelones	Cannelloni	Cannelloni	Cannelloni
Lasaña	Lasagna	Lasagna	Lasagne
Arroz blanco	White rice	Riz blanc	Gerochter reis
Arroz de verduras	Vegetable rice	Riz aux légumes	Gemüsereis
Arroz de mariscos	Seafood rice	Riz aux fruits de mer	Reis mit Meeresfrüchten
Arroz negro	Black rice	Riz noir	Reis in Tintenfischsauce
Arroz de pollo	Chicken rice	Riz au poulet	Reis mit Huhn

Español	English	Français	Deutsch
LEGUMBRES Y SETAS	VEGETABLES AND MUSHROOMS	LÈGUMES ET CHAMPIGNONS	GEMÜSE UND PILZE
Lentejas	Lentils	Lentilles	Linsen
Garbanzos	Chick-peas	Pois chiches	Kichererbsen
Judías	Beans	Haricotts	Bohnen
Champiñones	Small mushrooms	Champignon de Paris	Champignons
Seta de cardo	Cardo mushrooms	Champignon de chardon	Distelpilz
Níscalos	Musky mushrooms	Mousserons	Reizker
Colmenillas	Comenilla mushrooms	Morilles	Morcheln
Boleto	Boletus (mushrooms)	Bolet	Pilze
Trufa	Truffle	Truffe	Trüffel

Español	English	Français	Deutsch
MARISCOS	SEAFOOD	FRUITS DE MER	MEERESFRÜCHTE
Langosta	Lobster	Langouste	Languste
Bogavante	Large lobster	Homard	Hummer
Cigalas	Norway lobsters	Langoustines	Kronenhummer
Gambas	Shrimps	Crevettes	Garnelen
Almejas	Clams	Clovisses	Muscheln
Navajas	Razor shell	Couteaux	Scheidenmuschel
Centollo	Spider crab	Araignée de mer	Teufelskrabbe
Ostras	Oysters	Huîtres	Austern
Vieiras	Scallops	Coquilles St. Jacques	Jakobsmuscheln
Calamar	Squid	Encornets	Tintenfische
Mejillón	Mussels	Moules	Miesmuscheln
Berberechos	Cockles	Coques	Herzmuscheln
Sepia	Cuttlefish	Sépia	Tintenfisch
Percebes	Barnacles	Anatifes	Entenmuscheln
Langostinos	Prawns	Grosse crevette	Garnelen
Nécoras	Small crabs	Étrilles	Kleine Meereskrebse

Español	English	Français	Deutsch
PESCADOS	FISH	POISSON	FISCH
Merluza	Hake	Colin	Seehecht
Bacalao	Cod	Morue	Kabeljau
Lenguado	Sole	Sole	Seezunge
Salmón	Salmon	Saumon	Lachs
Atún/bonito	Tuna	Thon	Thunfisch
Rodaballo	Turbot	Turbot	Steinbutt
Rape	Monk fish	Baudroie	Seeteufel
Boquerón/anchoas	Anchovies	Anchois	Sardellen
Besugo	Sea bream	Pagre	Seebrasse
Dorada	Dorado	Dorade	Goldbrassen
Mero	Halibut	Mérou	Brauner Zackenbarsch
Lubina	Sea-bass	Bar	Wolfsbarch
Trucha	Trout	Truite	Forelle
Salmonetes	Red mullet	Rougets	Kleine, Rote Meerbarben
Gallos	John dory	Limandes	Wimpernfische
Sardinas	Sardines	Sardines	Sardinen
Arenques	Herring	Harengs	Heringe

Español	English	Français	Deutsch
CARNES	MEAT	VIANDE	FLEISCH
Ternera	Veal	Veau	Kalbfleisch
Vaca	Beef	Boeuf	Rindfleisch
Cordero	Lamb	Agneau	Lammfleisch
Cerdo	Pork	Porc	Schweinefleisch
Jamón	Ham	Jambon	Schinken
Solomillo	Sirloin	Filet	Lendenstück
Chuletas	Chops	Côtelettes	Kotelett
Entrecot	Entrecote	Entrecôte	Entrecôte
Mollejas	Sweetbreads	Ris	Bries
Hígado	Liver	Foie	Leber
Buey	Ox	Boeuf	Ochse
Manitas	Trotters	Pieds de porc	Füsschen
Lengua	Tongue	Langue	Zunge
Morros	Snout	Museaux	Maul
Callos	Tripes	Tripes	Kuddeln
Rabo	Tail	Queue	Schwanz
Riñones	Kidneys	Rognons	Nieren

Español	English	Français	Deutsch
AVES Y CAZA	FOWL AND GAME	VOLLAILES ET GIBIER	GEFLÜGEL UND WILDBRET
Pollo	Chicken	Poulet	Huhn
Pavo	Turkey	Dinde	Truthahn
Conejo	Rabbit	Lapin	Kaninchen
Pato	Duck	Canard	Ente
Faisán	Pheasant	Faisan	Fasan
Perdiz	Partridge	Perdrix	Rebhuhn
Codorniz	Quail	Caille	Wachtel
Pintada	Guinea fowl	Pintade	Perlhuhn
Capón	Capon	Chapon	Hähnchen
Pularda	Chicken	Poularde	Poularde
Becada	Woodcock	Bécasse	Schnepfe
Pichón	Young pigeon	Pigeonneau	Jungtauben
Paloma	Pigeon	Pigeon	Tauben
Oca	Goose	Oie	Gans
Jabalí	Wild boar	Sanglier	Wildschwein
Ciervo	Venison	Cerf	Reh
Liebre	Hare	Lièvre	Hase

Español	English	Français	Deutsch
CONDIMENTOS	CONDIMENTS	CONDIMENTS	CONDIMENTS
Ajo	Garlic	Ail	Knoblauch
Estragón	Tarragon	Estragon	Estragon
Cebolla	Onion	Oignon	Zwiebel
Pimentón	Paprika	Paprika	Paprikapulver
Azafrán	Saffron	Safran	Safran
Guindilla	Hot red pepper	Piment rouge	Roter Pfeffer
Canela	Cinnamon	Cannelle	Zimt
Hierbabuena-menta	Mint	Menthe	Minze
Orégano	Oregano	Marjolaine	Oregano
Tomillo	Thyme	Thym	Thymian
Albahaca	Sweet-basil	Basilic	Basilikum
Eneldo	Dill	Aneth	Dill
Aceite de oliva	Olive oil	Huile d'olive	Olivenöll
Sal	Salt	Sel	Salz
Vinagre	Vinegar	Vinaigre	Essig
Cominos	Cumin	Cumins	Kümmel
Mostaza	Mustard	Moutarde	Senf
Mantequilla	Butter	Beurre	Butter

Español	English	Français	Deutsch
POSTRES	DESSERTS	DESSERTS	DESSERTS
Tartas	Cake/pies	Tartes	Torten
Helados	Ice cream	Glaces	Eis
Natillas	Custard	Crème anglaise	Cremespeise
Flan	Cream caramel	Crème au caramel	Pudding
Hojaldre	Puff pastry	Feuilletée	Gebäck
Fruta	Fruit	Fruits	Früchte
Mousse de chocolate	Chocolate mousse	Mousse au chocolat	Schokoladenmousse
Yogur	Yoghurt	Yaourt	Joghurt
Fruta en almíbar	Fruit in sirup	Fruits au sirop	Obst in Sirup
Chocolate	Chocolate	Chocolat	Schokolade
Queso fresco	Cottage cheese	Fromage frais	Frischkäse
Queso curado	Smoked cheese	Fromage sec	Gereifter Käse
Miel	Honey	Miel	Honig
Zumo de naranja	Orange juice	Jus d'orange	Orangensaft
Fresas	Strawberries	Fraises	Erdbeeren
Peras	Pears	Poires	Birnen
Piña	Pineapple	Ananas	Ananas
Manzanas asadas	Baked apple	Pomme braisée	Bratäpfel

ÍNDICE ALFABÉTICO DE RECETAS

Salsas

Aperitivos

Sopas, cremas y purés

Ensaladas

Legumbres

Verduras y hortalizas

Arroces, pastas y cuscús

Huevos

Masas: pizzas, empanadas y tartas saladas

Aves

Pescados y mariscos

Carnes

Postres y dulces

ÍNDICE ALFABÉTICO DE RECETAS POR PRECIO

€ (de 1€ a 5€)

€€ (de 5€ a 10€)

€€€ (de 10€ a 20€)

€€€€ (más de 20€)

AGRADECIMIENTOS

Agradezco la ayuda prestada para escribir este libro a Yanet Acosta, excelente amiga y periodista gastronómica; a David Martín Medina, mi adorable y paciente profesor de cocina; a Patricio Municio Rodrigo, de Pescaderías Patricio; a Clara María González Amezúa, de la escuela de cocina Alambique; a Carlos García, de Carnicería Hermanos García y a Dimas Aliaga, de Frutería Dimas en el Mercado Maravillas, a Miguel y a Laurentino de Miguel, de la Escuela de Hostelería del Sur, El Pozo, Madrid, y de la Fundación Padre Llanos, respectivamente; a mi madre, Lola Albi, y a mi tía, Chus González Felgueroso; y por supuesto, a mi querida editora María Casas y a mi ángel de la guarda, David Trías.

ESTE LIBRO HA SIDO IMPRESO
EN LOS TALLERES DE
CAYFOSA